EDICIONES
UNIVERSIDAD
MAYOR

Amenazados
Seguridad e inseguridad en la web

Cristian Barría Huidobro, PHD
Sergio Rosales Guerrero, MSC

Primera edición: Marzo de 2021



San Pío X 2422, Providencia, Santiago de Chile
Teléfono: 6003281000
www.umayor.cl

ISBN Impreso: 978-956-6086-04-8
ISBN Digital: 978-956-6086-05-5
RPI: 2020-A-7355

Dirección editorial: Andrea Viu S.
Edición: Pamela Tala R.
Diseño y diagramación: Pablo García C.

# Índice

*Lo que ha sido es lo que será,*
*y lo que se ha hecho es lo mismo que se hará,*
*y nada hay de nuevo bajo el sol.*
*¿Hay algo de lo que se pueda decir,*
*"Mira, esto es nuevo"?*
*Ya ha estado ahí, siglos antes de nosotros.*

Eclesiastés, 1, 9-10

*... Y todo lo demás bajo el sol*
*está en sintonía,*
*pero el sol*
*está eclipsado por la luna.*

Pink Floyd, *Eclipse*

# Introducción

## I

Odiseo fue el primer hacker de la historia humana. Introdujo un caballo de madera hueco, repleto de guerreros aqueos, en el interior de la ciudad más segura de la tierra. Los troyanos se creían a salvo de cualquier invasor que pretendiera atravesar sus muros. Y ese fue el comienzo del final. Es decir, el hecho de sentirse seguros, el exceso de confianza, algo que equivalía a dormirse como la liebre a la vera del camino mientras la tortuga, lentamente, avanzaba y no paraba de avanzar. ¿Hubiese sido posible descubrir el engaño? ¿Lo hubiésemos descubierto nosotros? Todo parece indicar que no, pues así como somos de buenos engañando, no lo somos para descubrir engaños.

La capacidad humana —escribe el biólogo Robert Sapolsky— para el engaño es enorme. Poseemos la trama nerviosa más compleja de músculos faciales y usamos cantidades masivas de neuronas motoras para controlarlos: ninguna otra especie puede fingir o esconder facialmente lo que piensa o siente. Y tenemos lenguaje, ese medio extraordinario de manipulación que pone una distancia entre el mensaje y su significado (Sapolsky, 2017).[1]

Pero el engaño es solo la partida de esta historia. La estratagema de Odiseo, narrada por Homero, ya no en *La Ilíada* sino en *La Odisea* o, más tarde, por Virgilio en *La Eneida*, daba cuenta de un trabajo singular, pero con carácter universal: el engaño o decepción es un método de consecución de metas que se encuentra ampliamente difundido en el mundo natural, no solo entre los mamíferos mayores o menores, sino que también entre los componentes de menor tamaño de la vida, como la araña saltadora que se asemeja a la hormiga o el cuco, un pájaro que utiliza mediante el engaño a padres adoptivos para que alimenten y cuiden a sus propias crías.

1 En adelante, salvo que se diga lo contrario, todas las traducciones son de los autores.

Algo similar ocurre con los virus, que para penetrar la delicada armazón exterior de la célula, se envuelven en una capa de lípidos grasos que les permiten vulnerar el sistema inmune del organismo anfitrión. Algunos de estos virus poseen incluso la capacidad de modificar rápidamente el envoltorio en respuesta a los factores cambiantes del entorno. Así, dado que el virus no puede reproducirse por sí mismo y requiere de una célula anfitriona para hacerlo, recurre a las ventajas que le ofrece el engaño.

Solo que el virus no sabe que engaña. El ladrón común que recurre al fraude para robar, como cuando ingresa en una propiedad que no es la suya con la excusa de que va a realizar un trabajo o un encargo, sí lo sabe. El virus puede acabar matando a su anfitrión, pero es inocente. El ladrón puede llevarse todo lo que quiera, sin quitarle la vida a nadie, pero aun así es culpable.

Pensamos que estas características del mundo natural son como las reglas de un juego en el que estamos obligados a participar si no queremos vivir como ermitaños. (De paso, el ermitaño podrá salvarse de ladrones o asaltantes ocasionales, pero no así de un virus que ronde por las inmediaciones).

Y el nombre del juego es "amenaza".

Y su característica más notoria es que nunca se detiene. Es como la tortuga de la fábula, algo que la liebre debió tomar en cuenta. O como los ciudadanos de Troya que, confiados en el espesor de sus muros, dormían relajadamente, más bien confiados en que el enemigo por fin había desistido de tomar la ciudad. Los habían visto embarcarse y partir, ¿no es verdad? Y es cierto, se habían ido. Pero se habían quedado.

Uno de los aspectos menos conocidos sobre la historia del caballo de madera es que no todos los troyanos cayeron en el engaño. Algunos de ellos lo supieron: Laocoonte, el sacerdote y Casandra, la hija del rey Príamo, quisieron hacerse oír advirtiendo del peligro, pero la acción de los dioses confabulados en contra de la ciudad impidió que la palabra engendrara la duda y la sospecha, condiciones necesarias para subvertir el decreto del destino. También Helena, según Homero, sospechando del ardid, imita las voces de las esposas de los hombres ocultos en el interior del caballo. Uno de ellos, Anticlo, se dispone a responder a la llamada, pero Odiseo es más rápido y oportunamente le tapa la boca con la mano.

Todo esto parece lo que es: un poema épico, una epopeya, un relato antiguo. Sin embargo, hoy mismo, sin espadas y sin escudos, pero con tablets, teléfonos celulares y laptops, vamos por la vida sin preguntarnos por ninguna Casandra y mucho menos qué diría si estuviésemos dispuestos a oírla.

En parte, este libro ofrece un mensaje que usted no debiera desoír. En parte, le explica cuál es esa amenaza, qué formas adopta, cuáles son sus disfraces y por qué puede poner en riesgo sus pertenencias, su dignidad y hasta su vida. Y en parte, también, le explica por qué no todo está perdido o por qué vale la pena que sigamos recurriendo a la tecnología, esta especie de segunda naturaleza humana, que, según todo parece indicar, vino para quedarse.

## II

El libro que usted tiene en sus manos presenta, en un estilo sencillo, ideas, conceptos y tendencias referidas al ciberespacio que son de uso común en el habla cotidiana, pero que no siempre se entienden de manera rigurosa. Sabemos que la política existía antes de que se inventara la palabra. La discusión pública de asuntos que concernían a toda una comunidad nació mucho antes de que alguien la definiera. Ahora, con la seguridad de la información, pasó algo similar: no supimos que estábamos amenazados hasta que salimos a navegar por la Web.

Pero vamos por partes. ¿Por qué un libro sobre el ciberespacio, particularmente sobre la ciberseguridad, tendría que llamarse *Amenazados*? La respuesta corta es porque, en efecto, lo estamos. La respuesta más extensa la hallará en este libro que le invitamos a leer.

Por lo pronto, digamos que todo lo que hay en él se ha escrito pensando en personas como usted o como nosotros, que somos usuarios de tecnologías y no desarrolladores. Chile, en especial, no es un país que desarrolle tecnología como Estados Unidos o China. Chile es un país de usuarios tecnológicos. Para desarrollar tecnologías se requiere de una cantidad de recursos humanos y de capital, que todavía no tenemos. Por lo tanto, y dado que usamos tecnología a diario, incluso minuto a minuto, pensamos que no solo es interesante que se introduzca en estos temas pronto (sí, es cierto, ya vamos atrasados), sino que también es importante.

Hace pocos momentos, tres minutos o dos, usted miró su teléfono celular por última vez. Al ver que no había nada de interés allí, lo regresó a su bolsillo y volvió a hojear este libro. Con la tranquilidad que nos da la confianza —esa que nos dice que si no advertimos el peligro de la forma acostumbrada, es que no lo hay—, pensamos que todo sigue bajo control. Nadie se ha metido en nuestras vidas y nosotros tampoco nos hemos metido en la de nadie. ¿Por qué deberíamos temer? Más aún, ¿qué deberíamos temer?

O plantéese el siguiente escenario. Usted sigue una serie sobre hackers en alguna plataforma proveedora de servicios de *streaming* como Netflix o Amazon. La serie le gusta, la escogió en su teléfono, vio una parte en su tablet y al llegar a casa la continuó viendo en su televisor inteligente. Es más cómodo, por supuesto. Pero atención aquí: al terminar el último capítulo, la plataforma le pide que califique el contenido que acaba de ver, "¿le gustó o no le gustó?". Usted no está muy seguro y no ve la forma de decir que sí y que no al mismo tiempo. Al final, usted decide no decir nada y piensa que "allá" (lo que sea que eso signifique) nunca sabrán si a usted le gustó o no la serie. ¿Está seguro de eso?

Otro escenario. Usted escucha una canción en la radio de su auto. ¿Cómo se llama? No lo recuerda. No lo sabe. Lo sabía, pero ya no. Entonces, al llegar al semáforo en rojo, abre una aplicación en su teléfono y le pide que escuche esa canción que está sonando. El teléfono se vuelve entonces un oído fino, asociado a una memoria perfecta. De pronto, ¡piiiip!, helo allí, el nombre de la canción. Muy bien, ya lo sabe. Cierra la aplicación. El semáforo da la luz verde y reemprende su camino.

La noche de ese día, usted se sienta a navegar por Internet mientras calienta su cena. Abre una botella de vino, huele el interior y cuando vuelve a depositarla sobre la encimera, mira el teléfono. Y allí está: el video con la canción cuyo nombre había olvidado. Proyecta el video en la televisión, pues el teléfono es muy pequeño. Y, justo al cabo de un momento, *voilà*, se produce la magia.

Pero hay todavía más. La mujer, por ejemplo, le pide al marido que le envíe la canción a su teléfono. Le envía la canción o se la comparte y ahora son un poco más felices que antes. Quizá una parte entre diez millones de unidades de felicidad, no importa, pero igualmente, un poco más felices.

Él escuchó esa canción y ahora la ha compartido con ella. Sus teléfonos comparten también sus ubicaciones. No solo eso: sus teléfonos se encuentran casi siempre, el uno al lado del otro. No sabemos si ellos son esposos o amigos, pero sí sabemos que viven muy, muy cerca el uno del otro. Además, el teléfono, a través de una aplicación, les ofrece la posibilidad de compartir su ubicación en tiempo real. Pero él prefiere no hacerlo. ¿Para qué? Eso les restaría independencia a ambos. No, no lo hará.

Sin embargo, si él decide no hacerlo, ¿hay otro —lo que quiera que sea ese "otro"—, en algún lugar, que pueda seguirlos a ambos? ¿Es posible que el sistema pueda ofrecerles un cómodo servicio de seguimiento y rechazarlo, de modo que nadie lo siga nunca?

¿Qué cree usted?

Pero la historia no termina aquí. Imaginemos que nuestra pareja se sienta a cenar a la luz de unas velas y deciden dejar de lado los teléfonos para que nadie los moleste. Después de todo, siempre es posible apartarse de esos molestos aparatos, ignorarlos por completo. Y es así, puede ignorarlos por todo lo que dure su cena, pues no son parte de ella. Él es un otro, una entidad distinta del teléfono, lo mismo que ella: el aparato telefónico está allá, ellos acá. Son distintos, qué duda cabe. ¿Puede alguien, en su sano juicio, pretender que aquel molesto aparato, además del laptop y la tablet, no sean sino aparatos distintos entre ellos y distintos todos ellos de su propietario? Algo así como $A \neq B \neq C \neq D$.

Son distintos. Claro que sí, ciertamente. Por fuera y por dentro. Pero, preguntémonos, ¿qué sucede respecto de la información? Si esos aparatos son suyos, ¿qué clase de información contienen? Ya lo sabe, esta vez sí: es información suya. Pero hay más. La información es también "acerca de usted". Lo que hay allí es todo lo que hay que saber acerca de usted para saber quién es usted.

O casi. Es cierto. Hay cosas que usted jamás le contaría a su teléfono, a su laptop o a su tablet. Sí, esos aparatos son poco confiables. Ha leído unas cuantas cosas sobre ellos y sabe que no lo son. Después de todo, usted no los diseñó y quién sabe qué cosas habrá allí que escapan no solo a su comprensión, sino que a su imaginación.

Por último, uno nunca sabe, la inteligencia, aunque sea artificial, es inteligencia igual. Y la inteligencia consiste en dar con la mejor ruta para ir de A a B. Y si esos aparatos son capaces de hacer eso ¿serán capaces, además, de generar ideas propias?, ¿tendrán una conciencia propia?

No, no todavía, aunque quizá en el futuro sí la tengan.

Para pensar por sí mismos necesitan de un componente humano. El hacker.[2] Este sí puede arruinarle la vida. Y puede atacarle desde varios flancos. Por ejemplo, un hacker podría robar información de su tarjeta de crédito y comprar un par de zapatillas con su dinero. Un par de zapatillas que ni usted mismo se permitiría. Además de eso, ¿qué otras cosas podría hacer? Pero, ¿cómo diablos hace todo eso que dicen que hace?

Para responder y comentar algunas de estas interrogantes, hemos escrito este libro. Y, por lo mismo, desde un comienzo, advertimos que quizá no sea la mejor lectura para paranoicos.

2 Más adelante, en el capítulo II, veremos que el hacker no es el "malo" de la película. El hacker es hoy en día un explorador de la Web, tal como Livingstone lo fue del África, en el siglo XIX. Empleamos el término hacker, aquí y en otras partes de este libro, ya sea por seguir al original en inglés o porque deseamos enfatizar la diferencia.

## III

Somos vulnerables, esto es lo primero que hay que saber. Lo segundo que hay que saber, es que siempre lo seremos. Y lo tercero, es que tarde o temprano caeremos en una trampa.

Para contar esta historia hemos dividido el libro en cinco partes, correspondientes a cuatro capítulos y una conclusión. En el primer capítulo le mostramos el panorama del mundo tal como luciría si usted o yo lo viéramos como realmente es. Le contaremos qué es lo que hay allá afuera o adentro o por debajo de su mundo tecnológico. O, más precisamente, entre las especies que lo conforman.

En el segundo capítulo, le mostraremos el trayecto que nos ha llevado desde allí hasta aquí. O desde entonces hasta ahora. Comprobará que nada se planificó para que resultara como ocurrió. Y que nada resultó tampoco como se esperaba. La solución a un problema que nunca se presentó (el de la guerra nuclear de los Estados Unidos contra la ex Unión Soviética) dio paso a otro que jamás nadie previó (el de la Internet) y que trajo consigo toda una batería de problemas que, incluso para los hackers originales, eran impensables.

En el capítulo tercero abordamos el tema de la guerra. La guerra ha sufrido una evolución o, mejor, la evolución tecnológica hizo que la guerra misma evolucionara. Y se ha transformado tanto que hasta los misiles llamados inteligentes parecen poco a poco ir perdiendo vigencia y volverse —quién lo diría— en meros testimonios de un pasado romántico. La guerra hoy es invisible, se pelea en todas partes, ahora mismo. Que no la veamos, es otro asunto.

En el capítulo cuarto le contamos qué estamos haciendo para protegernos del monstruo que engendramos y que hoy asoma su cabeza por todos lados y a cada segundo y milisegundo de nuestras vidas. El hombre es el animal más peligroso del universo conocido. Y ahora que creó el arma más letal de todas (antes pensábamos que era la bomba), ya no basta con trotar para contenerla, hay que correr, y rápido.

En la conclusión proyectamos sobre el telón de fondo del presente y de manera muy breve, la "película" de lo que podría depararnos esa entelequia que es el futuro. Entelequia, pues creemos que "vive" allá, en un tiempo que no es este, pero nos equivocamos pues siempre hay pedazos, trazas del futuro habitando entre nosotros.[3] El futuro ya llegó, quizá nunca haya estado tan próximo, tan estrechamente unido a nosotros.

Por último, pensamos que hay, pese a todo, más motivos para estar optimistas que paranoicos. Afirmamos que una herramienta —la que sea, un martillo, un motor de combustión interna, la democracia— siempre tiene un equivalente en forma de amenaza. Nada puede ser tan bueno que no traiga al mismo tiempo bajo el brazo una mala noticia. Y es que en el meollo de todo el asunto hay hombres, seres humanos, simios en último término, que ni son ángeles ni bestias, como escribiera Nicanor Parra, sino un embutido en que ambos se confunden. Eso son, eso somos.

Y ahora, a lo nuestro.

3 De no ser así, no habríamos podido entender la película *Terminator* (1984) como una posibilidad que nunca hemos dejado de considerar.

# I. El panorama ante nosotros[4]

4 Tomamos este título del libro homólogo del poeta chileno Alfonso Alcalde.

En un ensayo publicado el 2012 en la serie anual de *Los mejores escritos científicos*, Brendan Buhler, un escritor freelance de la Universidad de California, en Santa Bárbara, proponía en *Esa abarrotada metrópolis que es usted* que "usted, mayoritariamente no es usted".[5]

Esto equivale a decir que el 90 por ciento de las células que residen en su cuerpo no son células humanas, son microbios. Visto desde la perspectiva de la mayoría de sus habitantes, su cuerpo no es tanto el templo o el recipiente del alma humana, sino más bien un complejo mecanismo de alimentación ambulatorio que sirve a un reactor de metano en su intestino delgado (Buhler, 2012).

Lo interesante, agrega más adelante, es que nuestros cuerpos, tal como los percibimos, no son lo que creemos que son. Algo similar ocurre con Internet. A menudo se suele decir que es una especie de superorganismo. Digamos, para construir nuestra analogía basada en la aseveración de Buhler, que Internet es un organismo y que nosotros somos sus microbios. Nosotros le damos vida a Internet tal como los microbios nos dan vida a nosotros. Sin nuestros microbios no seríamos viables como especie, así de simple. No obstante, Internet tampoco lo sería sin nosotros. Véalo de este modo: así como hay colaboración entre nuestra microbiota y nosotros, también la hay entre nosotros y el enjambre de redes que es Internet. Hay —como ocurre con estos microbios en y sobre nuestros cuerpos— colaboración y amenaza. Sin los que construyen y colaboran, los que destruyen y discrepan en todo habrían tomado el control hace mucho tiempo (acabando, de paso, con su propio sustento). Nosotros protegemos este organismo, otros, lo atacan. Al protegerlo le permitimos vivir —aunque de manera localizada partes de él mueran o se descompongan— y al resistir los ataques de sus depredadores, lo fortalecemos. Agresores y defensores aprendemos los unos de los otros. Ninguno acaba siendo el vencedor, ninguno podría vivir sin el otro.

Internet es un organismo y nosotros, cada uno de los usuarios, vivimos sobre y dentro de él, lo mismo que la microbiota que llevamos en nuestro organismo a todos lados.

5 Nos hemos permitido adaptar el título original *The Teeming Metrópolis of You.*

Es más, no hay un microbio que habite nuestro cuerpo que haya visto jamás a un ser humano. Ni uno de ellos sabe qué es un ser humano. Tampoco nosotros hemos visto jamás un solo microbio, al menos no a simple vista. Asimismo, ninguno de nosotros ha visto jamás Internet. Igual que un microbio que vive en nuestro intestino o en nuestros párpados y hace toda su vida en ese lugar, así también nosotros solo vemos esa porción de Internet que divisamos en nuestro teléfono móvil o en nuestra computadora. Lo contrario también es cierto: Internet no sabe quiénes somos. Conoce nuestros nombres y sabe si hacemos trampa en el juego o no. Sin embargo, nunca nos ha visto. Si usted se siente observado a veces, seguramente no se trate de que Internet ande tras sus pasos. Si, por el contrario, se siente seguro y a resguardo de aquel extraño organismo del que todo el mundo habla, es que usted, qué duda cabe, no es más que el equivalente de un simple microbio en Internet.

Este es el panorama que se abre ante nosotros. Se trata de un cuadro, de un gran cuadro que cuelga en el muro de una galería. Usted lo mira, incluso lo admira. Los colores, los motivos, las formas. Vaya, es un cuadro muy grande y lleno de infinitos detalles. Esto último le llama la atención y se acerca para observar más de cerca. De pronto descubre algo que le incomoda. Algo sorprendente, algo que —se dice usted— no puede ser. Y es que usted mismo, usted, el que mira de cerca, descubre que también se encuentra allí, retratado, mirando el mismo cuadro que observa en la galería.

Este es el panorama tal como se despliega ante nosotros.

## Ciber, esa palabra...

Demos un paso más. La palabra "ciber" está cargada de connotaciones. Es parte del panorama que se nos presenta y es también un prefijo endemoniado. Sí, endemoniado. Y es que por estos días es difícil dar con algo en el mundo que no mantenga al mismo tiempo un correlato virtual, que viva y palpite allá mismo, en el ciberespacio.

Pero vamos de a poco. Ciber es la abreviatura de "cibernética", un término acuñado por el filósofo y matemático norteamericano Norbert Wiener, en 1948, en *Cibernética o el control y comunicación en animales y máquinas*. Posteriormente, en otro libro, *El uso humano de los seres humanos. Cibernética y sociedad*, escribió:

> Desde el término de la Segunda Guerra Mundial, he estado trabajando en las muchas ramificaciones de la teoría de los mensajes. Además de la teoría de la ingeniería eléctrica de la transmisión de mensajes, hay todo un campo que incluye no solo el estudio del lenguaje sino el estudio de los mensajes como formas de control de las máquinas y de la sociedad, el desarrollo de máquinas computacionales y otros autómatas similares... Hasta el presente, no había una palabra para este complejo de ideas, y con el objeto de abarcar todo el campo en un solo término, me sentí tentado de inventar uno. De aquí, "cibernética", que he derivado de la palabra griega *kubernētēs* o "timonel", la misma palabra griega de la que eventualmente derivamos "gobernador". Incidentalmente, descubría más tarde que la palabra ya había sido usada por Ampère con referencia a la ciencia política... (Wiener, 1954).

En efecto, se trataba de máquinas y de personas mediadas por mensajes. Para Wiener, la sociedad solo podía ser entendida a través de los mensajes y las instalaciones o aparatos de que ella dispusiera para que esos mensajes pudieran viajar de un punto a otro, esto es, no de una persona a otra, sino de un punto a otro punto. Por lo tanto, decía, el "desarrollo de estos mensajes..., mensajes entre hombres y máquinas, entre máquinas y hombres, y entre máquina y máquina, están destinados a jugar un rol cada vez más importante".

No se equivocaba.

Para Wiener, cuando él daba una orden a una máquina o cuando daba una orden a un hombre no había gran diferencia, puesto que una orden es información y esa información acabará siendo una acción, con independencia de si se trata de una lavadora o de una persona que lava.

No se trata aquí de que Wiener mirara con menosprecio a la persona humana. En absoluto. El asunto era mucho más interesante y es que la comunicación —o la información— podía adaptarse o tomar cualquier forma y, por lo tanto, activar o no cualquier soporte o nodo por el que pasara o en el que permaneciera. En este sentido, era como el agua, que no hace distinción entre la persona que la bebe para saciar su sed o el motor que la utiliza como refrigerante. "Cuando doy una orden a una máquina, la situación no es esencialmente diferente de la que surge cuando doy una orden a una persona. En otras palabras, en lo que a mí concierne estoy al tanto de que una orden ha sido emitida y de que una señal de conformidad ha regresado".

Eso era todo.

En consecuencia, cibernética es una palabra que hace referencia a la información que circula entre los distintos componentes de un sistema y, por lo tanto, aborda —en tanto disciplina— el problema que plantea la transmisión de mensajes y el control y la comunicación en general. Para Wiener este no era un problema resuelto; más bien lo contrario, era uno que recién se iniciaba y que, en adelante, demandaría todo un repertorio de ideas y técnicas que hicieran posible clasificar cada una de sus manifestaciones particulares.

Del término cibernética entonces, damos otro paso más y llegamos a la expresión ciberespacio. El encabezado "ciber" resultaba, al parecer, demasiado tentador como para no recurrir a él en aquellos tiempos —como los de la segunda mitad del siglo XX— en que todo era efervescencia: el arte, la música, la política, la filosofía, la ciencia misma. Así, entre los años 1968 y 1970, dos artistas daneses, Susanne Ussing y Carsten Hoff, recurrieron al término ciberespacio para referirse, simplemente, al manejo de los espacios (Van Haster, 2018).

Más tarde, en la década de 1980, aparece la primera mención escrita del término, particularmente en un relato breve del escritor William Gibson, llamado *Burning Chrome*. Posteriormente, en una novela —*Neuromancer*[6]— escribió que ciber era o podía ser una "alucinación consen-

6 Hay traducción castellana, *Neuromante*, Barcelona: Minotauro, 2009.

suada... Una representación de datos abstraída de los bancos de cada computador... [Una] complejidad impensable... Líneas de luz que oscilaban en el no-espacio de la mente...".

Con el tiempo, sin embargo, la palabra fue adquiriendo un significado que iba más allá de la mera condición pegadiza del término, para transformarse en lo que es hoy, esto es, un espacio en el que tiene lugar la comunicación entre redes informáticas. Pero esta definición es, al mismo tiempo, hipotética y real, pues el espacio de comunicación no es solo físico o tangible (o sea, real), también es intangible (o sea, virtual). Y al ser intangible nos vemos obligados a hipotetizarlo, porque a la pregunta dónde está el ciberespacio, debemos responder "en todas partes". No nos equivocamos, por lo tanto, al decir que cuando preguntamos en un café "¿hay conexión a Internet?", lo que estamos asumiendo es la posibilidad de que ese "aquí" sea efectivamente una celda en el gran "panal" del ciberespacio.[7]

Ahora, si usted lo pregunta es porque claramente no conoce la respuesta. Y no la conoce porque no la ve. Esta es la razón por la cual las máquinas de que hablaba Wiener le estén diciendo constantemente si está o no metido en el ciberespacio, algo que por uno mismo sería imposible saber. He aquí, entonces, la señalada comunicación entre hombre y máquina ("¿hay señal aquí?") y entre máquina y máquina (🛜).

Y ya que conocemos algo mejor el extraño sitio en que tienen lugar todos estos fenómenos nebulosos de los que hemos venido hablando, adentrémonos de a poco en su presencia real (no pasajera ni ilusoria) en nuestro mundo cotidiano.

## Sonidos que son colores

Si nos preguntamos cómo vemos el mundo que nos rodea, es muy probable que acuda a nosotros alguna imagen. Por ejemplo la de un carro del metro un día cualquiera. Piense, ¿qué vería?

7 Sería bastante más divertido preguntar "¿es este café parte del ciberespacio o no?"

Hace unos veinte años ver a alguien hablando por su aparato celular habría llamado nuestra atención. Hoy sería justo lo contrario. Se dice que el mundo está conectado como nunca antes lo estuvo. Lo cierto es que el mundo siempre ha estado conectado, al menos, desde que tenemos noción de que hay cinco continentes repartidos en cinco océanos y que estos últimos por sí solos constituyen el 71% de la superficie del planeta. Lo que ha cambiado no es tanto el hecho de que estemos conectados como el de la velocidad a la que lo estamos. En tiempos del Imperio romano, un documento legal conteniendo, por ejemplo, el nombre de un nuevo emperador, podía tardar hasta 56 días en llegar a Egipto, lo que venía a significar que la información se movía a unos 1,6 km/h. Esta proporción no cambió mucho con el paso de los siglos. La información sobre la batalla del Nilo, en 1798, corrió a una velocidad levemente superior, esto es, a unos 2,25 km/h. Pero ya en 1881, la noticia del asesinato del zar Alejandro II se desplazó a unos 191 km/h. Diez años más tarde, en 1891, la noticia de un terremoto en Japón se trasladó a una velocidad de 395 km/h, esto es, en menos de un siglo la velocidad había aumentado en más de 175 veces (Clark, 2007). Al día de hoy, la velocidad es tan alta que más bien podríamos hablar de simultaneidad. La diferencia en tiempo de una noticia que se produce en Beijing y que tarde diez minutos en llegar a Santiago de Chile, correspondería a una velocidad de desplazamiento de 200.000 km/h, es decir, unas 500 veces la velocidad a la que se desplazó la noticia del terremoto en Japón en 1891.

Si es tan alta la simultaneidad, entonces cabe preguntarse si es posible que la noticia se produzca con anterioridad al hecho. La respuesta es no. Y la razón escapa a los propósitos de este libro. Digamos, sin embargo, que existe un límite para la velocidad con que se mueve la información y que ese límite es físico, es decir, es una "imposición" del mundo físico. Pero nuestra pregunta apunta en otra dirección, en este caso, en la dirección de las noticias falsas o "fake news". Estas noticias falsas sí se mueven más rápido que el hecho, puesto que al publicarlo, aunque sea falso, lo provocan.

El 24 de abril de 2013, el cuerpo de economía del diario español *ABC* reproducía la siguiente noticia: "Wall Street se desploma por la noticia de un falso atentado sobre Obama". El tuit, aparecido en la cuenta de Associated Press "provocó una caída de casi 150 puntos en la bolsa de Nueva York en apenas unos segundos". (*ABC*, 2013). Había sido una falsa alarma, pero el efecto fue real. La caída quedó registrada en las operaciones porque, en los hechos, se produjo. La realidad, comentaron los autores de la nota, había superado a la imaginación, muy probablemente —agregamos nosotros— en una proporción semejante a la de la caída del indicador bursátil.

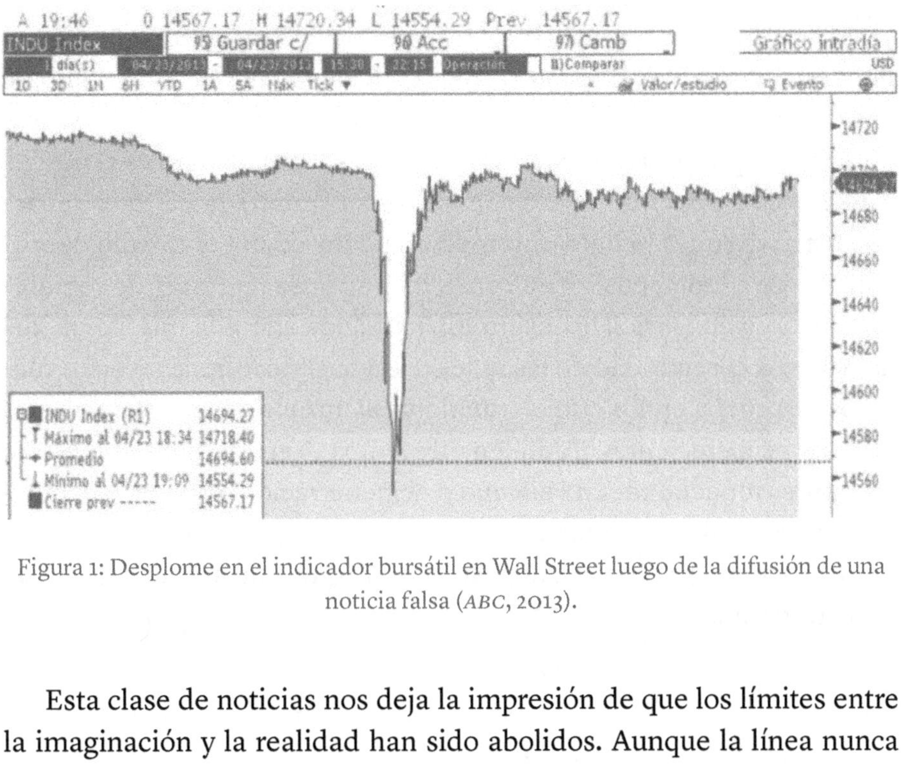


Figura 1: Desplome en el indicador bursátil en Wall Street luego de la difusión de una noticia falsa (*ABC*, 2013).

Esta clase de noticias nos deja la impresión de que los límites entre la imaginación y la realidad han sido abolidos. Aunque la línea nunca ha sido del todo clara. ¿Dónde empieza lo real? Quizá donde termina lo posible. Lo que hacen los falsificadores de noticias es añadir una o más posibilidades a la única que el mundo es capaz de resistir. Los hechos solo suceden de una manera, no de dos, menos de tres.

El recurso de la noticia falsa no es nuevo, se remonta a la Antigüedad y adopta la forma del engaño. La idea es siempre la misma: inducir una reacción equivocada. Uno de los tratados más antiguos de que se tenga memoria en torno a la idea del conflicto es *El arte de la guerra*, de Sun Tzu. Ya en este libro, fechado hacia el siglo V antes de nuestra era, este sabio chino manifestaba que todo el arte de la guerra podía reducirse al de la decepción o el engaño. "Todo el arte de la guerra está basado en el engaño. Por lo tanto, cuando estemos en condiciones de atacar, debemos parecer que no lo estamos; cuando movilizamos nuestras fuerzas, debemos parecer inactivos; cuando estamos cercanos, debemos hacer creer al enemigo que nos hallamos muy lejanos; cuando estamos lejanos, debemos hacerle creer que estamos muy cercanos."

El hecho de que vivamos fuertemente anclados a nuestro tiempo nos induce a pensar que el pasado, en referencia a lo humano, es como un presente empobrecido. Lo cierto es que las diferencias son mucho menores de lo que pudiéramos pensar. Lo que sí ha cambiado es el medio. Nadie le va a poner un caballo de madera a la entrada de su casa para que usted después lo haga entrar en ella. Hoy en día el caballo de madera puede adoptar cualquier forma, incluso la de una onda de sonido.

El sitio web Hack This es un espacio dedicado a la enseñanza del hacking y a la seguridad en las redes. Para hacerlo, ofrece diversos módulos de prueba en los que el usuario va avanzando a través de niveles de exigencia crecientes. También ofrece textos en los que se muestran diferentes modalidades de engaño o de penetración de redes o computadoras. En la figura siguiente se muestra la imagen de una onda de sonido, lo que nos sugiere que es posible ver lo que oímos recurriendo a un espectrograma.

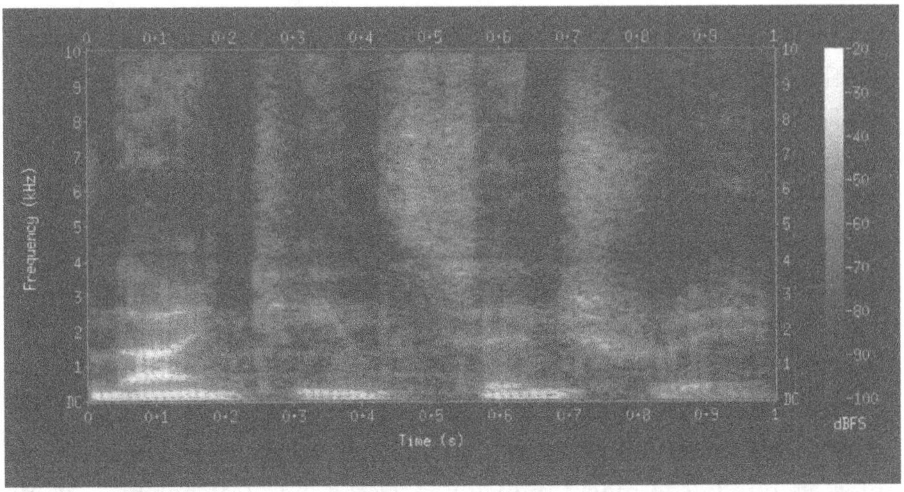


Figura 2: Representación de una frecuencia de sonido en el tiempo, conocida como espectrograma. (Hack This, 2018).

"Dado que cada sonido puede ser representado de una manera visual", señala el autor en *Hack This*, "¿es posible entonces construir un archivo de audio a partir de una imagen que será reproducida como su espectrograma?" Es decir, ¿podemos transformar una imagen de colores en un sonido? La respuesta es sí. Por ejemplo, es perfectamente posible hacer que la imagen siguiente nos entregue su sonido:

Figura 3: Imagen que puede procesarse de tal modo que al introducirla en el programa adecuado nos puede entregar su sonido. (Hack This, 2018).

Esta imagen o cualquier otra. Ello implica que el modo o la forma en que el ladrón va a aparecer en el espacio informático —en la pantalla de su teléfono o en su ordenador—, no tendrá la apariencia a la que estamos acostumbrados. Más aún, tampoco tendrá la forma que posiblemente debiera tener. Parafraseando a Sun Tzu, sería como decir que si el enemigo sospecha que estamos muy lejos de él, es porque no se ha dado cuenta de que ya fue derrotado, pese a no tener recuerdo alguno de la batalla que perdió.

¿Radical? ¿Exagerado? Ambas cosas. El mundo se ha expandido hasta extremos que hace veinte años nadie podía sospechar que se alcanzarían. Y ha aumentado, además, porque la realidad es más amplia que antes, ya que posee más dimensiones. Usted, en otras palabras, ya no solo es usted. Usted es usted y alguien más. Y al sobrepasar sus propios límites, su exposición a la amenaza es mayor. Veamos algunos ejemplos. Una casa con una puerta y una ventana, ofrece solo dos posibilidades de ingreso.[8] Antes, la expresión "la bolsa o la vida" estaba asociada a la costumbre de que usted iba a todos lados llevando su dinero en el bolsillo y con este, ciertamente, la posibilidad de que se lo robaran. Ahora ya no es así. Mientras usted lee este libro, alguien, en este mismo instante, puede estar destruyendo, pulverizando, literalmente, su mundo. Usted puede estar recostado en una silla de playa sobre la arena, oyendo de fondo el mar y los gritos de los veraneantes. Pero usted tiene un teléfono móvil. Y una computadora que dejó guardada y apagada en el interior de un bolso, adentro de un clóset y convenientemente disimulado bajo un cobertor y una pelota de plástico. Se siente seguro, ¿no es así?

Pues no lo esté tanto, sea bienvenido a la multidimensionalidad. Usted está aquí y en todas partes a la vez.

*El arte de la invisibilidad* de los autores Kevin Mitnick y Mikko Hyponnen, comienza así:

8 Ahora, si la misma casa —una puerta, una ventana— se halla conectada a Internet, las posibilidades son más que tres, como nuestro lector habrá podido deducir.

> A Jennifer Lawrence le había tocado vivir un duro fin de semana de Día del Trabajo. La ganadora del Premio de la Academia era una de entre varias celebridades que al despertar, una mañana de 2014, descubrió que algunas de sus fotografías privadas —muchas de las cuales la mostraban desnuda— estaban apareciendo por todas partes en Internet.

Y a continuación, agregan:

> Tómate un momento para escanear, mentalmente, todas las imágenes que actualmente guardas almacenadas en tu computador, en tu teléfono móvil y en tu e-mail... ¿Cómo te sentirías si de pronto, todo eso apareciera online? Puede que no todas tus fotografías sean atrevidas, pero aun así ellas guardan el registro de momentos que son privados. Deberíamos poder decidir cuándo y cómo compartirlas, sin embargo con los servicios de nube la decisión no siempre la vas a tomar tú. (Mitnick y Hyponnen, *The Art of Invisibility*, 2017).

El mundo no ha cambiado mucho para la humanidad, es cierto. Pero ese poco que ha cambiado parece ser demasiado. Vivimos en la era de la deslocalización. El concepto de deslocalización, tal como lo empleamos aquí, significa que las cosas no siempre están ancladas a un lugar. Para retomar el ejemplo del ladrón, piense usted en *Hijo de ladrón*, de Manuel Rojas, una novela de 1951. El padre del protagonista es un hombre que roba cosas a la gente. Para hacerlo, debe estar en el lugar en que la especie de su interés se halla presente. Para él no era posible, estando en Santiago, robar una especie que alguien llevara, digamos, en Concepción. Debía existir una coincidencia entre la especie y el lugar, esto es, una confluencia de tiempo y lugar. De nada hubiese servido el momento sin el lugar o, viceversa, el lugar sin el tiempo. Ambos debían coincidir. Ahora, en la era de la información, esto ya no es así. Usted está en todo lados. Y el tiempo se ha extendido como un elástico. El lugar es irrelevante. El ladrón o el antisocial, para ponerlo en términos más amplios, está en todas partes y en todo momento, entrando en su casa o, peor aún, en su vida.

Sin embargo, lo más curioso es que nadie parece asimilarlo. Vivimos como si los riesgos no existieran. Ignorantes de que el peligro no solo nos acecha, sino que también nosotros lo atraemos.

Se dice que muchos de los cuentos de hadas tenían como finalidad asustar a los niños. Los eventos horribles que relatan, por ejemplo, los cuentos de los hermanos Grimm, no tenían otra finalidad que la de asustar a los niños acerca de los peligros de desobedecer, de moverse por senderos o lugares prohibidos o de hablar con desconocidos. De lo que se trataba era de transmitir una imagen lo suficientemente vívida del peligro como para que el niño literalmente la viera.

En *The Ghost in the Wires* (literalmente "El fantasma en los cables") Kevin Mitnick, uno de los mayores hackers de la historia moderna,[9] nos cuenta de qué manera lograba introducirse en los sistemas informáticos que quería penetrar. Para hacerlo, recurría a una estratagema de dos instancias. Una era técnica, la otra práctica. La primera tenía que ver con el conocimiento de los sistemas. La segunda, con el engaño o la decepción. A esta última, Mitnick la llamaba "ingeniería social". Esta forma de ingeniería —que no es más que el nombre elegante que puede darse al engaño o la mentira— servía para obtener esa parte del acceso que no está disponible directamente en el sistema. En pocas palabras, se trataba de una historia, un cuento que Mitnick contaba a un administrador u operario para ingresar al sistema. Y, tal como los niños que escuchaban los cuentos de los hermanos Grimm, se lo creían de principio a fin. Así, utilizando una manida estratagema, Mitnick quedaba en condiciones de ingresar a computadores y redes.

> La táctica básica es simple. Antes de comenzar la ingeniería social para alguna meta en particular, usted debe realizar un reconocimiento. Reúne información acerca de la compañía, incluyendo el cómo ese departamento o aquella unidad de negocios opera, cuál es su función, a qué información tienen acceso los empleados, el procedimiento estándar para formular requerimientos, a quién recurren normalmente para satisfacer esos requerimientos,

9 El mismo Mitnick se autodenomina hacker. Véase nuestra discusión en el capítulo II.

bajo qué condiciones entregan la información, y la jerga y la terminología utilizada en la compañía (Mitnick y Simon, *Ghost in the Wires*, 2011, p. 10).

La segunda parte era más sofisticada. Consistía en operar internamente en los sistemas mismos, algo que Mitnick había aprendido desde la adolescencia. Lo importante para nosotros por ahora es tener en cuenta que uno de los eslabones de la cadena es —o suele ser— un hombre, una persona. Y este es el eslabón más débil de todo el sistema. Dicho de otro modo, el hombre es el flanco más vulnerable. Ya sea porque algo deja de hacer o porque hace algo que no debía, por acción o por omisión, él es el factor de riesgo, como lo llamó Graham Greene en su novela *El factor humano.*

En buenas cuentas, el factor humano viene a ser un conjunto de cualidades que expone a las personas a caer víctimas de un depredador social. Estas cualidades pueden ser muchas. A las tres más recurrentes se las reconoce como "riesgos personales" y son la fe, la ignorancia y la vanidad. Por ahora nos concentraremos en la fe.

No debe entenderse esta fe de la que hablamos en su dimensión religiosa, sino en su dimensión social, esto es, en tanto confianza en uno mismo y en los otros. Confiar en los demás es una ventaja adaptativa. Es fácil hacerse a la idea de lo difícil que sería convivir con otros si no creyéramos ni uno solo de sus dichos o compromisos. Pero así como la confianza resulta ser una ventaja es, por el mismo expediente, una desventaja cuando se trata de antisociales. Para el antisocial la virtud es como un escalón que le permite ascender hacia su meta. O una ventaja. Lo mismo ocurre con determinadas técnicas. Ellas suelen facilitar o destrabar la vida en sociedad en todas sus dimensiones. Por lo mismo, para el antisocial cada una de estas técnicas o tecnologías serán escalones, posibilidades.

Si algo queda claro tras la lectura del libro autobiográfico de Mitnick es que las personas confían: "La ingeniería social es la manipulación casual o calculada de las personas para influir sobre ellas, de tal modo que hagan cosas que comúnmente no harían. Y convencerlas [de hacerlas] sin levantar la más mínima sombra de duda" (Mitnick y Simon, 2011).

Mitnick nació en 1963. Se inició manipulando teléfonos en una época en que los computadores personales todavía eran poco más que un sueño más bien propio de los años setenta. Aun así, y pese a haber desarrollado su carrera como hacker a partir de la década de 1980 y de haberla terminado en 1995 con motivo de su detención por el FBI, sus intuiciones sobre el uso de la ingeniería social para inmiscuirse en sistemas informáticos sigue plenamente vigente.

Por lo pronto, si a la fe o a la confianza añadimos la ignorancia, el segundo de nuestros factores de riesgo personal, las cosas se hacen aún más fáciles para los ciberdelincuentes. La ignorancia es como la señal de alarma de que carecemos. Un comando que no se activa cuando, llegado el momento, debiera hacerlo. ¿La razón? Ni siquiera sabemos que existe el problema debido a la ignorancia misma.

La vanidad, por su parte, cumple un papel todavía más aplastante, pues nos hace creer que la ausencia de señal no demuestra solo la ausencia de peligro, demuestra que incluso la intuición de peligro, cualquier intuición, es errada. Y todo esto es una fiesta para el ciberdelincuente. Es igual si se trata de un usuario en su hogar o de la policía de Londres (Catalinas, 2019), los riesgos persisten con independencia del número de personas involucradas o del tamaño de la organización que representen. Según el sitio web Varonis, las cifras de violaciones a plataformas y usuarios han incrementado en número y severidad (Sobers, 2019). Se calculan en 24.000 los virus maliciosos que se bloquean diariamente en aplicaciones móviles. El incremento en el costo promedio global de un ciberataque superó el 27% en 2017. El componente más caro de un ciberataque es la pérdida de información, lo que representa el 43% de los costos. Los daños provocados por el cibercrimen, proyectados al año 2021, equivalen a seis mil millones de dólares anuales. Todo esto significa que somos vulnerables si estamos conectados. Y resulta bastante intuitivo comprobar que la solución no es desconectarse.

En su libro sobre disuasión ciberestratégica, Scott Jasper sostiene que la expresión vulnerabilidad implica una debilidad en el sistema. A esta debilidad se la denomina "bug" o "error." Un error viene a ser como una ventana o una puerta de su casa que usted no puede cerrar. Imagine que perdió la llave y se ve obligado a mantenerla abierta. Esta clase de vulnerabilidades son las que los ciberdelincuentes comparten en comunidades a las que se denomina foros de hackeo. ¿Le parece increíble?

Nuestra idea del héroe y del villano suele estar influida por la tradición, de modo que solemos verlos como seres solitarios que funcionan de maneras más o menos aleatorias e indiscernibles. Las novelas de detectives están llenas de estos personajes que actúan por sí solos, sin que nadie los note. La realidad, sin embargo, no es del todo así. Los delincuentes suelen formar toda clase de comunidades y, a la larga, resultan bastante profesionales en su accionar.

Según Jasper es posible encontrar kits para explotar vulnerabilidades o "bugs" por ofertas que van desde los US$800 hasta los US$1.500 al mes en sitios web especializados. Los kits incluyen recursos de software para vulnerabilidades conocidas de Internet Explorer, Adobe Flash y Oracle Java. La velocidad a la que se explotan estas vulnerabilidades aprovecha el tiempo que pasa hasta que los proveedores se dan cuenta de ellas y distribuyen los "parches" o cierres que evitan o cancelan la rendija por la que se infiltran los ciberdelincuentes. Ahora, ese lapso del que hablamos no es corto, a veces pueden pasar hasta tres años entre el uso delictivo de una determinada rendija y su clausura por el proveedor. Los recursos de detección y explotación de vulnerabilidades ("exploit kits") escanean permanentemente los sistemas de sus víctimas para encontrar lo que se denomina vulnerabilidades de día cero (*zero-day vulnerabilities*) —que son aquellas con las que un determinado aparato o sistema nace—, identifica los recursos más efectivos para explotarlas (es decir, los kits), y enseguida deja caer su carga de malware.[10] Estos kits evolucionan mucho más rápido que la respuesta que las personas encargadas de su protección eventualmente elaborarán (Jasper, 2017).

Y sigue.

En julio de 2019 se informó del robo de 7,5 terabytes de datos de una agencia de inteligencia rusa (CSO, 2019). Más recientemente, en septiembre de 2019, se informó de un ataque de malware al grupo germano

10 En el capítulo II proponemos una definición y una clasificación de malware.

Rheinmetall, que obligó a paralizar su producción en países como Brasil, México y Estados Unidos (Noticias de seguridad informática, 2019). Ratificando lo anterior, un estudio del portal de datos Global Overview señalaba que la violación de datos no ha hecho más que aumentar en los últimos años. El costo promedio global de la violación de datos ascendió en 2018 a casi cuatro mil millones de dólares, un 6,4% más que el año anterior. Cuando se trata de esta clase de ciberdelitos, el dinero fluye no por semanas sino que por fracciones de segundo. El tiempo promedio que una compañía tarda en identificar una violación de sus datos se mueve en un rango que va de los 69 a los 197 días. Ahora, si una compañía fuera capaz de contener la filtración antes de 30 días, terminaría ahorrando más de un millón de dólares en relación a las compañías que superen ese plazo fatal (Shepard, 2018).

Lo que vemos entonces es un crecimiento de la amenaza que es proporcional a las prestaciones que las tecnologías nos ofrecen. Mientras más sencillo resulta, digamos, procesar datos, más riesgos existirán y, por lo tanto, más barreras y cortafuegos habrá que levantar. Era lo que preocupaba —según nos cuenta Arnold Toynbee en *La gran aventura de la humanidad*— hace miles de años al autor del *Tao Te King*: "Cuanto más cortantes sean las armas / tanto más rodeado de tinieblas estará todo el país. / Cuanto más hábiles artífices haya, / más aparatos perniciosos se inventarán". (Toynbee, 1985). Y es lo que nos sigue preocupando a nosotros. Porque si entendemos la virtud como excelencia (la *areté* de los antiguos griegos) y el vicio como su contrario, el escenario no puede resultar más patético: cualquier nueva posibilidad que nos ofrezca la informática —en términos de comodidades y ahorro de tiempo—, podrá ser objeto de interés para el delincuente, especialmente si le ofrece una ventaja competitiva como, por ejemplo, no pagar, no esperar, no trabajar o bien elevar su estatus frente a otros que no han logrado "hazañas" como las suyas.

A semejanza de lo que ocurre con la virtud, en el caso del vicio el medio también importa, solo que en sentido negativo, restringido o por ausencia. Si todos deben hacer una fila para conseguir un número en la asistencia pública, el delincuente no va a renunciar a que lo atiendan (que es el fin). A lo que va a renunciar es a hacer la fila, negando para él la existencia de ese deber común que es esperar para ser atendido. Lo mismo si hay que pagar, lo que por algún medio el ciberdelincuente va a restringir, ya sea haciendo pagar a otros por él o reduciendo el pago a una tarifa inferior a la que le corresponde. O si hay que postergar el puesto propio por otro que está en mayor necesidad de él, endosando a un tercero el costo de hacerlo.

En nuestro caso, si una determinada innovación facilita la vida de las personas, ya sea para trasladarse, comprar, vender, concursar, participar, o lo que usted prefiera, el ciberdelincuente encontrará la manera de, en virtud de esa misma facilidad, trasladarse o comprar sin pagar, vender de manera fraudulenta, ganar sin participar en igualdad de condiciones y siempre a partir del mismo mecanismo al que recurre la persona honesta.

Un ejemplo de esto lo encontramos en la ya aludida biografía de Mitnick, en la que se relata un concurso que premiaba con mil dólares la séptima llamada entrante a cierto programa radial, luego de que un jingle diera inicio a la competencia. En este caso, luego de encontrar la manera de capturar la séptima llamada, Mitnick y sus amigos consiguieron ganar unas cincuenta veces el concurso en los siguientes tres o cuatro meses. Entonces se toparon con un inconveniente que no habían considerado: la misma persona no podía ganar el concurso en un mismo año. De modo que lo que hicieron fue recurrir a todos sus conocidos, ofreciéndoles participación en las ganancias.[11] El asunto terminó cuando, luego de haber ganado cada vez que quisieron, se les acabaron los amigos (la radio enviaba un cheque a nombre del ganador). "Al final nos detuvimos solo porque se nos acabaron los amigos. Es una pena que Facebook no existiera todavía." (Mitnick y Simon, 2011).

Es decir, existe una proporcionalidad que aumenta la prestación de una tecnología a la misma tasa a la que crece el aprovechamiento de esa prestación para fines deshonestos. La próxima vez que descubra que hay un trámite que una determinada innovación facilita (uno que antes le

11 Ninguno de estos conocidos de Mitnick y compañía era delincuente en sentido estricto. Se trataba de amigos para los cuales el asunto no pasaba de ser una diversión.

demandaba tomar un autobús, subirse al metro, caminar veinte manzanas y esperar tres horas), piense que habrá alguien buscando la manera de aprovecharla para su beneficio.

Y que, además, cada vez que el sistema que ofrece el beneficio descubra una vulnerabilidad, usted como usuario deberá padecer la modificación del sistema en aras de su propia seguridad. Más claves, más chequeos, más rechequeos, un poco más de todo. No es exagerado decir que las leyes se crean y aplican por causa de las personas deshonestas a las personas que no lo son. En una sociedad corrompida, escribía Graham Greene, los delincuentes son los hombres honrados.

## Una guerra silenciosa

El panorama que nos ofrece el mundo es el de una guerra que no vemos ni oímos. El 21 de junio de 1941, un día antes de la invasión de la Unión Soviética por Alemania, los berlineses, según nos cuenta el historiador Antony Beevor, se disponían a abordar el tren que los llevaría a Potsdam para pasar el día en el parque de Sanssouci. Otros nadaban en las orillas del Wannsee o del Nikolassee. En los cafés, las historias sobre el vuelo de Rudolf Hess a Gran Bretaña daban paso a otras sobre la inminente invasión de la Unión Soviética (Beevor, 1998). La vida continuaba y cuanto más trágica se volvía, más normal resultaba en apariencia. Parece paradojal, pero no lo es. En nuestros días la guerra ya se ha desatado y enfrenta a dos bandos cuyos despliegues son difíciles, si no imposibles, de trazar a causa de la deslocalización. Tal vez sea cierto que todos los principios de la guerra pueden reducirse a la expresión "aquí y ahora". En esta nueva guerra el ahora tiene sentido a partir del momento en que sabemos que hemos sido víctimas de un ataque. El aquí, por el contrario, se ha relativizado por completo.

Un soldado alemán que pensara en levantar la cabeza desde una trinchera en Stalingrado podría verificar la posibilidad de que alguien desde el edificio de enfrente hiciera fuego sobre él. Alguna de esas ventanas podía esconder a un francotirador. O tal vez la azotea de aquel edificio. O detrás de aquellos escombros. Pero difícilmente iba a pensar que el disparo vendría de Tokio, de Londres o de Nueva York. Eso era imposible. Ya no lo es. El ladrón que antes acechaba en la sombra, ahora acecha a su víctima desde un cuarto en un barrio de las afueras de Moscú, en algún lugar en el corazón urbano de Beijing o en un bloc de apartamentos de Miami. No resulta infrecuente entonces oír hablar a las autoridades sobre la reducción de un determinado tipo de delitos y atribuirse inmediatamente el mérito. El caso es que no siempre el mérito es de ellos, a veces es solo el carácter que ha ido adquiriendo la estructura criminal de la guerra. Nuevas formas delictuales atraen a los delincuentes. Y ocurre entonces como con la enseñanza del idioma inglés: doce largos años en la escuela no dejaban a nadie hablando inglés. Miles de horas de clase parecían evaporarse en la atmósfera. De pronto, ya entrados en el siglo XXI, pareciera que los niños aprenden más rápido, que son más listos que los de generaciones precedentes. No resulta infrecuente escuchar opiniones en esta línea. ¿Qué ha pasado? Que el idioma en que se juega online (lo que hacen los niños todo el tiempo) ha cambiado. Dejó de ser el idioma local si este no es el inglés. Y absorben esta nueva lengua franca a la misma velocidad que la demanda. (Ya lo dijimos: no es el hombre el que cambia, es solo que el medio es más rico).

Con los delincuentes ocurre algo parecido. Se reinventan. ¿Por qué? Porque las nuevas formas delictuales, para cruzar cierto umbral y masificarse, deben superar las antiguas formas en riesgo y expectativas. A igualdad de riesgos y expectativas, el delincuente seguirá prefiriendo aguardar detrás de un árbol a su futura víctima. La diferencia es que ahora deberá aprender y aprender con miras a favorecer cada uno sus propias condiciones de vida nunca ha sido un problema. Aprender es un problema solo cuando lo hacemos por obligación, ignorando por completo los beneficios que eventualmente nos traerá tal o cual aprendizaje. Más aún, en esta última condición hasta podríamos odiar tener que asistir a la escuela (aquella "aborrecida escuela," de la que hablaba el poeta español Antonio Machado). No es el caso cuando del otro lado de la tarea hay un botín.

La reinvención del delincuente, en consecuencia, ha dado lugar a un nuevo inventario de monstruos, a un bestiario. Y este bestiario está poblado por toda clase de personajes que, como ocurre con las tiras cómicas, combaten y compiten entre sí para alcanzar una preeminencia que siempre suele estar en disputa. En efecto, los hay buenos y malos. Blancos y negros. Los hay solitarios y en grupo, autodidactas y académicos. Algunos se especializan en robar, otros en mirar, otros en compartir lo que es —o no es— de ellos, otros en aprender, otros en denunciar, y aun otros en extorsionar, secuestrar, amenazar o desprestigiar (ver Tabla 1).

**Tabla 1.** El bestiario de la web. (Fuente: elaboración propia.)

| Tipo | Característica |
|---|---|
| Hacker | Persona interesada en conocer cómo funcionan o cómo se pueden mejorar las tecnologías de la información y las comunicaciones. A menudo se lo confunde con el cracker. |
| Cracker | Agente disruptivo con foco en la destrucción, también conocido como pirata informático. |
| Phracker | Versión antigua del cracker o del hacker, que se formaba utilizando sistemas telefónicos (phone + cracker), fijos o móviles. |
| Script Kiddies | El que utiliza un programa elaborado por otro para realizar un ataque. |
| Newbie | Alguien que recién se inicia en el oficio, en cualquiera de sus formas. |
| Lammer | Persona que sueña con ser un hacker o un cracker. |
| Bucanero | El que sin tener grandes conocimientos en tecnología vende malwares y comercia en el mercado negro de la Web. |

Como se puede apreciar en la tabla 1, tenemos para todos los gustos y paladares. Antes había un bosque con un Robin Hood en él. Ahora, si el número de bosques no ha aumentado, el número de Robin Hoods sí lo ha hecho. Y no es que haya más delincuentes en el mundo de hoy. Tampoco ha cambiado el nivel de maldad o el modo en que ella se reparte entre la población. Lo que ha cambiado es la escala. Y con la escala no solo cambia la cantidad, cambia la calidad. Y lo hace porque la complejidad aumenta. Explicar el todo a partir de la parte es mucho más difícil. En palabras del estadístico Nassim Taleb "Ir de 1.000 a 1.001 puede hacer que la complejidad se multiplique mil millones de veces" (Taleb, 2018).

No somos peores que antes, quizá solo hay más modos de no ser honestos que antes.

Como sea, vale la pena que exploremos el bestiario que hemos venido anunciando y, junto con él, las predilecciones o modalidades de sus representantes más conspicuos.

Seguro que usted ha oído hablar de hackers, de phrackers, de phishing, de ransomware, de fraude computacional, de robo de identidad y todo ello forma una sola jalea en su mente. Seguro que piensa que hay más variedades de té que modos de atacar un computador o una red. Es posible, solo que el té ha tenido más tiempo para reinventarse. Pero es posible también que, moviéndose más rápido, el ciberdelito se reinvente a una velocidad nunca antes vista para el té.

Por otra parte, y en relación directa con todo esto (y quizá a consecuencia de lo mismo), la guerra también cambió. No es la guerra de Roma contra Cartago o la de Alemania contra la Unión Soviética. Ahora es invisible. Ahora se les denomina de otro modo: "guerras no convencionales". Lo malo es que todas, convencionales o no, acarrean padecimientos para el mundo. Parece ser cierto que mientras más avanzamos como civilización, más parece confirmarse el pasado como referencia. Sí, hay un caballo de Troya estacionado frente a su puerta. Si no lo ve, es porque no ha estado prestando atención.

# II. Gente invisible en el escenario

El mundo de la seguridad informática es como el de J.R.R. Tolkien. La diferencia es que el primero existe, es real y su realidad posee una intensidad de la que su contraparte literaria carece. Cuando dejamos de leer *El señor de los anillos* y cerramos el libro, el mundo de los hobbits y los elfos desaparece. Cuando cerramos nuestra computadora, el mundo del ciberespacio sigue existiendo.

Pero vayamos por partes: este mundo tiene un escenario, personajes y un drama del que —a diferencia de los dramas teatrales— no podemos conocer el final. Otra diferencia es que no tiene guionistas ni directores. Quizás sea lo más parecido a un teatro del absurdo, especialmente a la anotación de la obra *Las sillas,* de Eugène Ionesco, aquella en que se lee: "Ahora el escenario se llena de personajes invisibles".

Empecemos por la Internet y digamos, en primer lugar, que esta no es lo mismo que la Web. La primera —que nació años antes que la segunda— es una red global de redes, en tanto que la Web (o World Wide Web) es un cúmulo de información al que se accede a través de Internet. Si la Internet fuera una gran librería, la Web sería como una colección de libros dentro de esa gran librería o, para decirlo de otro modo, si la Internet es el hardware, la Web es el software (*Geeks for Geeks*, s.f.).

Hacia fines de los años sesenta, el Departamento de Defensa de los Estados Unidos empezó a trabajar en la posibilidad de comunicar computadores. Una de las intenciones subyacentes era la de mantener en operación un sistema de comando que siguiera funcionando en caso de que se materializara un ataque nuclear por parte de la Unión Soviética. Resulta obvio pensar que si toda la inteligencia, digamos, está concentrada en un solo lugar y, de pronto, ese solo lugar recibe el impacto de un proyectil nuclear, entonces todo el organismo queda a la deriva, sin inteligencia. Creando entonces rutas como circuitos que reconectaban los diferentes nodos de esta red, se solucionaba el problema dando vida, de paso, al concepto de redes (*networks*).

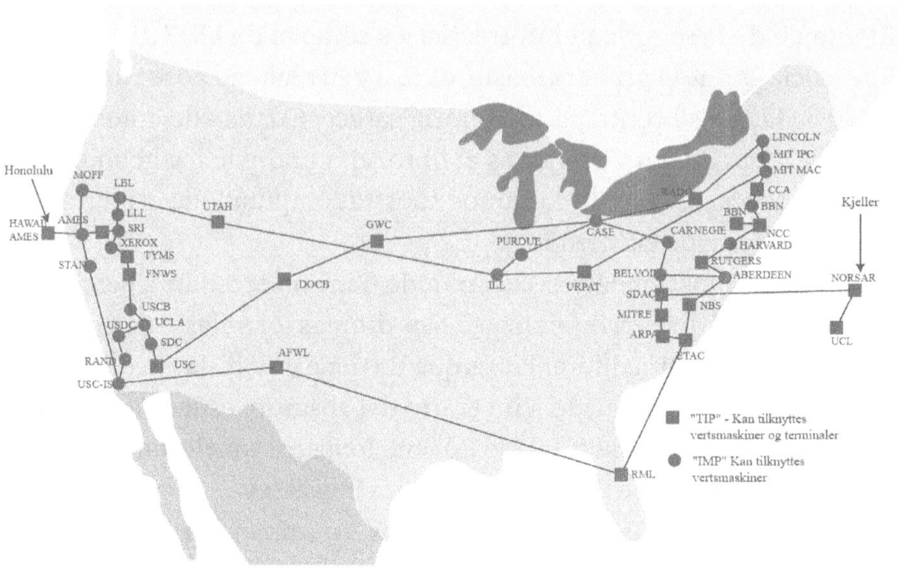


Figura 4: Mapa de la red ARPANET en 1974 (Wikipedia, 2019).

Esta idea de redes que permitían que un mensaje saltara de un intermediario a otro buscando nuevas rutas no era original y se basaba en el modo en que se comunicaban las redes telefónicas. Los teléfonos y las redes que se establecen entre ellos están en el origen de esta historia. Nuestro ya conocido Kevin Mitnick empezó su vida como hacker informático precisamente como phracker, es decir, introduciéndose de modo subrepticio en redes de telecomunicaciones basadas en la telefonía fija.

Este éxito rápidamente trascendió a las universidades, pues ellas también habían estado trabajando con el gobierno en el proyecto original denominado ARPANET (Red de Agencias de Proyectos de Investigación Avanzada, en español). Las universidades, a semejanza de lo realizado por el gobierno, lograron también conectar sus computadores y subirlos a una dimensión comunitaria a la que se denominó network. Como cada network tenía protocolos propios, se creó una instancia que permitía traducir el protocolo de una red para que lo entendiera otra, es decir, se creó una especie de jerga comunitaria. A esta jerga común o nuevo protocolo se le denominó TCP/IP (por Protocolo de Control de Transmisiones y Protocolo de Internet). Esta serie de protocolos, también denominada suite de protocolos, especificaba el modo de paquetizar datos, dirigirlos, transmitirlos, enrutarlos y recibirlos (Wikipedia, 2019). El esquema siguiente permite visualizar la secuencia desde ARPANET hasta la World Wide Web.

**ARPANET → Networks → TCP/IP → Internet → World Wide Web**

Figura 5: De ARPANET a la Web Wide Web[12]

Este protocolo echó abajo las barreras que impedían la comunicación entre las redes, dando origen a lo que se denominó Internet. Pero, tal como señala Alessandro Baricco en *The Game*, habría que esperar unos veinte años hasta que este pasatiempo de académicos y expertos en defensa saltara a la dimensión pública.

Fue un investigador inglés de la Organización Europea para la Investigación Nuclear (CERN) en Ginebra, Tim Berners-Lee, quien descubrió las posibilidades de la Internet asociándole tres conceptos que a la postre acabarían iniciando una revolución. Para hacerlo, explica Baricco, este investigador se dio cuenta del enorme esfuerzo que representaba la comunicación entre computadores, los que funcionaban en la práctica como meros buzones de correo, que solo servían para enviar y recibir correspondencia (o mails) y se preguntó, ¿por qué detenerse ahí? Creó, entonces, tres conceptos importantes, que son los que cambiaron el mundo. El primero tiene que ver con la accesibilidad de la estructura interna del computador, lo que permite a un computador remoto acceder a la información contenida en el computador local, dentro de determinados permisos o accesos. A cada uno de los lugares (o cajones, como los llama Baricco) a los cuales podía accederse, Berners-Lee los denominó "sitios". A continuación, en un nivel más profundo de comunicación, buscó la manera de que esos sitios pudieran comunicarse entre sí sin que fuera necesario tener que volver a entrar en el computador local.

12 En nuestros días, tanto Internet como World Wide Web, o Web, sencillamente, se usan de manera indistinta.

A los hilos de esta red que permiten al visitante moverse por dentro del anfitrión los llamó "links." Estos links son los que el lector suele ver con letras azules en los sitios web y son los que le permiten pasar de un cajón a otro. Pero Berners-Lee fue más allá. Si a través de "los links unimos todos los cajones [sitios], nos encontraremos delante de una formidable telaraña de cajones por los que cualquiera podrá viajar libremente a su antojo, mirando y haciéndose con lo que necesite: obtendremos [como resultado] una World Wide Web, una telaraña tan grande como el mundo..." y, lo que no es poco, "será completamente gratis" (Baricco, 2019). La figura siguiente, sintetiza los aportes de Berners-Lee.

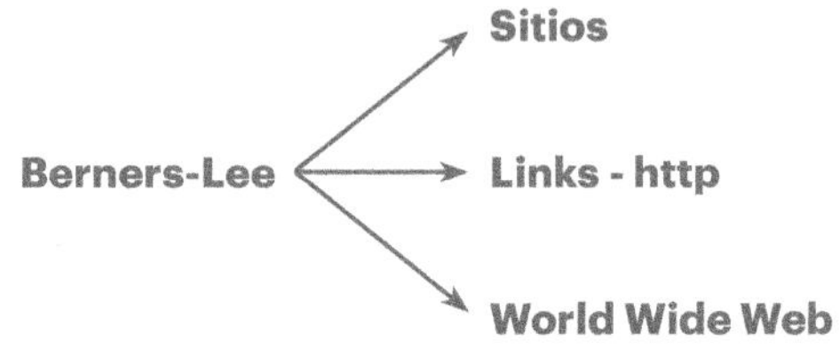


Figura 6: Las tres contribuciones fundamentales de Tim Berners-Lee. (Fuente: elaboración propia)

En 1991, continúa Baricco, había un solo sitio web, el de Berners-Lee. El año siguiente había nueve más. En 1993 llegaron a 130. Hoy, "mientras escribo estas líneas" la cifra se ha encaramado por encima de los mil millones de sitios web, lo que significa que en promedio hay uno por cada siete habitantes del planeta (Baricco, 2019).

Sin embargo, no podemos perder de vista nuestra idea de proporcionalidad del mal. El tamaño del beneficio engendrará maleficios proporcionales —no necesariamente iguales— en magnitud.

## De cómo el peón se volvió tan poderoso como el rey

La posibilidad de acceder a cajoncitos al interior de una estructura mayor, que a su vez es parte de otra más grande o, al revés, la posibilidad de moverse por mundos o cajoncitos cada vez más pequeños, representa un verdadero festín para los genios del mal.

La honda de David, que este usaba para cazar pájaros o entretenerse durante sus labores de pastoreo, fue la que utilizó para matar al gigante Goliat. En otras palabras, algo muy pequeño e insignificante puede destruir algo muy grande y poderoso. Estamos en presencia de una asimetría.

Figura 7: La asimetría entre David y el gigante Goliat es evidente en esta litografía de Osmar Schindler (Wikipedia, 2019).

El relato bíblico es una alegoría formidable. El periodista canadiense Malcolm Gladwell, en su éxito de ventas *David y Goliath*, sostiene que su libro es acerca de lo que pasa cuando personas comunes y corrientes enfrentan a gigantes (Gladwell, 2013). En este relato, el hacker es David y la Web es Goliat, con una salvedad: David no es ningún héroe y Goliat no es el enemigo. Lo que sí es cierto en nuestro mundo de redes es la asimetría del tamaño.[13] Y es aun más real el hecho de que el más débil no es David sino Goliat.

Teniendo esto en mente, ya que hemos abordado la Web, esta suerte de escenario *à la* Ionesco, con toda su rareza existencial, su historia y su prehistoria, revisemos ahora qué podemos encontrar si salimos a dar un paseo por el campo enemigo.

El campo enemigo ofrece una fauna variada. El conjunto de todos los animales que pueblan esta zona del frente se denomina ciberamenaza. Y se le llama así porque no siempre se hace manifiesta. Es como un perro dormido en la vereda. Usted pasa por su lado y piensa "¿y si se despierta y me ataca?, ¿y si me muerde?, ¿y si me transmite la hidrofobia?" O tal vez piensa, "este perro en la vereda duerme, no me hará nada. No tengo de qué preocuparme". La diferencia entre ambos casos es que, aun sin saberlo a ciencia cierta, en las dos situaciones usted se encuentra bajo amenaza. No hay diferencia entonces, pues por alguna razón la amenaza, en cualquiera de sus formas, podría materializarse, lo que resultaría fatal para usted. Lo que para nosotros sí hace la diferencia es la posibilidad que usted tiene de precaverse contra el hecho de que la amenaza se manifieste. Lo importante es que la medida que vaya a adoptar, la que fuere, deberá adoptarla antes y no después del ataque. Lo que aquí nos interesa es el antes, no el después. El antes es la precaución. El después es el control de daños que, esperamos, esté en condiciones de realizar. Por ahora, el antes es el problema. Si bien hay perros mansos que nunca lo atacarán aunque duerman en la calle mientras usted pasa, hay otros que sí lo harán. Ahora bien, aquí viene lo interesante: los perros de la Web

13 El sociólogo español Manuel Castells en su libro *La galaxia Internet*, llama a nuestra sociedad, Sociedad Red (Castells, 2001).

son todos bravos y todos lo atacarán en uno u otro momento si, y este es un si grande, usted llega a pasar o a transitar por alguna vereda o barrio en particular. A estos animales informáticos a los que por respeto a los perros dejaremos de identificar de este modo, los llamaremos ciberdelincuentes. Los ciberdelincuentes protagonizan ataques informáticos o ciberataques, que tendrán una de dos finalidades: dañarlo o ponerlo a prueba. En el primer caso, usted puede sufrir alguna clase de pérdida (honra, como Jennifer Lawrence o simplemente dinero). En el segundo, usted podrá ser advertido de alguna vulnerabilidad que eleva sus sistemas informáticos a la categoría de potenciales víctimas de ciberataques.

En todos los casos usted será el blanco. Sí, tal como lo lee: el blanco.

El hecho de que usted sea precavido y actúe con precaución no implica que quedará libre para moverse por la vida (o de navegar por la Web) sin correr riesgos. Solo implica que la probabilidad de ser atacado se reducirá. La ciudad en la que usted vive es un buen ejemplo. Si usted transita por un barrio peligroso, usted llamará la atención de los delincuentes y aumentará la probabilidad de sufrir un ataque. Si usted se queda en su casa y esta se halla situada en un barrio seguro, usted no atraerá la atención de los delincuentes, pese a que no podrá considerarse libre de ser atacado —pues los delincuentes pueden llegar hasta su casa—, reducirá la probabilidad de atraerlos. Si usted vive en un barrio seguro, pero habita una vivienda que da a la calle, la probabilidad no será la misma que si usted vive en una casa al interior de un condominio. Y esta probabilidad no será la misma si usted no habita una casa sino un departamento en un edificio. Y esta probabilidad cambiará si dentro del edificio usted ocupa uno de los primeros pisos o uno de los últimos.

Y así sigue y sigue: usted controla, hasta cierto punto, su riesgo. El riesgo depende de usted, no lo olvide. La incertidumbre es una propiedad del mundo real, algo que no depende de usted. El riesgo es una evaluación que usted hace de lo incierto que es el mundo. Lo importante es que su riesgo, en el mundo de la informática, nunca es cero. Salvo que usted tenga un computador que no esté conectado a nada o un teléfono que no le comunique con nadie. Una especie de contrasentido difícil de concebir, pero que no deja de ser posible. La amenaza, por tanto, proviene de estos ciberdelincuentes que conciben y cometen ciberdelitos. Aproximemos entonces una clasificación. En lo más grueso tendremos a los ciberdelincuentes como un todo, sean estos buenos o malos. Sin embargo, si son buenos, no les podremos llamar delincuentes. En este caso tendremos que llamarles de un modo bastante más genérico: hackers. Los hackers constituyen el nodo primordial, el origen, la fuente de la que proviene todo este universo *Marvel*. Tanto Superman como Lex Luthor son hackers, solo que al primero lo consideramos bueno y al segundo malo.[14]

La palabra hacker se refiere a una persona que es experta en computación, lo que le permite solucionar los problemas o desafíos que la computación en todo momento plantea (Wikipedia, 2019). Entre los hackers más reputados aparecen los nombres de nuestros héroes de la informática: Bill Gates, Steve Jobs, Steve Wozniak, Larry Page, Sergey Brin, Jimmy Wales. Ellos y muchos otros fundaron, y lo siguen haciendo, todo lo que hoy conforma nuestro universo Web.

La esencia del hacking, sostiene Jon Erickson en su libro *Hacking, The Art of Exploitation*, consiste en "encontrar usos no buscados o ignorados por las leyes y propiedades de una situación dada, para aplicarlas más tarde de maneras nuevas e ingeniosas a la resolución de un problema, cualquiera que sea". Podemos representar su esencia, entonces, por medio del siguiente problema matemático:

> Use cada uno de los números 1, 3, 4 y 6, exactamente una vez, con cualquiera de las cuatro operaciones matemáticas básicas (adición, sustracción,

14 Pese a que no es el tema de este libro, no podemos dejar de mencionar que ambos pueden verse como componentes de un sistema dinámico, en los que los sistemas (esto es, cualquier sistema, un bosque o un calentador de agua) se mantienen en equilibrio porque a un acelerador (refuerzo) siempre se contrapone un freno (balance): Si Lex Luthor es un acelerador, Superman puede actuar como su freno o inhibidor. Lo mismo puede ocurrir al revés (véase la película *Batman vs. Superman: Dawn of Justice*, en la que Batman actúa como un loop de balance (freno) frente a Superman, que actúa como loop de refuerzo (acelerador)). El clásico para introducirse en estos temas es *Thinking in Systems: A Primer*, por Donella Meadows (2008).

multiplicación y división) para obtener 24. Cada número debe ser usado una y solo una vez, siendo usted quien defina el orden de las operaciones; por ejemplo $3^*(4 + 6) + 1 = 31$, lo que es válido, sin embargo, incorrecto, ya que no totaliza 24 (Erickson, 2008).

Ya en la década de 1950, los miembros de un club de modelos de trenes del MIT, recibieron una donación consistente en desechos de viejos equipos telefónicos. Con ellos, los miembros del club desarrollaron un sistema que permitía operar los trenes y las líneas, con arreglo a patrones u órdenes que hacían que los trenes avanzaran, se detuvieran, cambiaran de trayecto; lo que fuere. Los estudiantes —que eso eran los miembros del club— denominaron al uso de este montón de equipamiento telefónico "hacking". El grupo se inclinó luego hacia la programación de tarjetas perforadas y de cintas de teletipo para los primeros computadores. "Mientras otros se contentaban con escribir programas que solo resolvían problemas, los primeros hackers se hallaban obsesionados con escribir programas que resolvieran los problemas *bien*. Un nuevo programa que pudiera obtener el mismo resultado que otro, pero utilizando menos tarjetas era considerado mejor... La diferencia clave estribaba en cómo el programa lograba el resultado, es decir, en su *elegancia*" (Erickson, 2008).[15]

Keren Elazari ofrece una perspectiva que merece la pena destacar aquí. Para esta analista en ciberseguridad de la Universidad de Tel Aviv, nosotros, los usuarios de Internet, necesitamos de los hackers "y, de hecho", dice "ellos podrían ser el sistema inmunológico de la era de la información" (Elazari, 2014).

Estos de los que hemos venido hablando fueron los hackers originales. A su contraparte más oscura, la de los ciberdelincuentes, la cultura popular los llamó igualmente hackers, sin tomar en cuenta la enorme distancia que los separaba. La controversia, en todo caso, se halla lejos de terminar. Por lo pronto, antes que tratarlos de hackers, para referirse a los ciberdelincuentes se utiliza el término *cracker*, literalmente "el que

15 A menos que se señale lo contrario, las cursivas provendrán del texto original.

quiebra algo". Por lo tanto, el cracker y no el hacker es el pirata informático.[16]

A los hackers, entonces, y en sentido amplio, se los clasifica en dos grandes tipos: los de sombrero blanco y los de sombrero negro. Los primeros son hackers, pues son éticamente correctos y en virtud de su curiosidad intrínseca, se mueven por el ciberespacio en busca de vulnerabilidades en los sistemas informáticos para advertir a los usuarios sobre posibles ataques.[17] Los de sombrero negro son nuestros ciberdelincuentes, los crackers, que buscan causar daño. Sus motivaciones son igualmente amplias y van desde la mera curiosidad (como en el caso de Mitnick) hasta las de tipo político e ideológico, con un interregno en el que encontramos de todo: robo, suplantación de identidad, secuestro de datos, extorsión. "Son estos crackers el epítome de lo que el público suele temer en un criminal de la computación" (Wikipedia, 2019).

Figura 8: Isotipo de la organización Sombrero Blanco de Chile (Sombrero Blanco, 2019)

16 Puede verse una discusión interesante y breve en el siguiente video: https://www.welivesecurity.com/la-es/2014/12/10/video-hacker-rae/; acceso: 15/11/2019.

17 En el ambiente académico se dan cita con cierta frecuencia los sombreros blancos, con miras a intercambiar conocimientos y experiencias. Ver, a modo de ejemplo, el llamado al I Seminario de Ciberseguridad Blue & Red de sombreros blancos, de la Universidad Mayor. Disponible en https://sombreroblanco.cl/seminario.html; acceso: 15/11/2019.

Veamos ahora el término ciberseguridad. Ciberseguridad y seguridad de la información no son lo mismo. La seguridad de la información o, como se la conoce en la jerga computacional, "InfoSec", forma parte de la ciberseguridad y designa a aquella que busca mantener la seguridad de los datos. La ciberseguridad es más amplia. Se trata de una práctica consistente en "proteger sistemas, redes, y programas de ataques digitales. Los ciberataques apuntan normalmente al acceso, el cambio o la destrucción de información sensible; a extraer dinero de los usuarios, o a interrumpir procesos de negocios" (CISCO, 2019).

Sin embargo, los objetos de la ciberseguridad no corresponden únicamente a los que esta definición abarca, ya que lo ciber por sí mismo se expande hacia otros campos, creando por esta vía nuevos espacios de dimensiones variadas. Hemos señalado en la introducción que el foco de nuestro libro es el ser humano común. Por lo mismo, no podemos dejar de advertir al lector sobre esas otras modalidades que no profundizaremos más allá de lo necesario. Nos referimos a la ciberdefensa, la ciberdisuasión o la cibereconomía. Todos ellos son espacios de tamaños inimaginables para los usuarios cotidianos de tecnologías. En ese macroespacio, por llamarlo de algún modo, la guerra informática reúne ejércitos poderosos en ambos lados de la frontera que divide a unos de otros. Así, a organismos gubernamentales o conglomerados de empresas, se oponen empresas criminales que actúan en la Web profunda (lo privado) o la Web oscura (lo prohibido). Los crackers que se mueven entremedio también representan un peligro y pueden afectar el curso de las acciones. En este caso, el combatiente aislado puede elevarse desde el nivel de lo táctico a lo estratégico pulsando unas pocas teclas.

No entraremos con mucho detalle en lo anteriormente mencionado por ahora y nos focalizaremos en las amenazas al hogar o al trabajo del hombre común.

Los crackers que pululan el ambiente suelen recurrir a diferentes modalidades o prácticas para atacar sistemas informáticos. A veces se contentan con mirar, a veces con mirar y sacar algo que no les pertenece, a veces prefieren trabar un proceso, impidiendo al usuario trabajar para luego cobrar a su debido tiempo por destrabar el sistema; a veces buscan obtener las claves de una cuenta bancaria, a veces los escritos de alguien, sean estos programas computacionales o sentencias judiciales; a veces capturan una imagen que podría comprometer a una determinada persona para luego cobrar por eliminarla: si no lo hace, si la persona no paga, la subirán a sitios públicos de Internet.

Todas estas prácticas tienen nombres. Las revisaremos a continuación.

## Hackear una elección

El abanico de posibilidades que se presenta para el cracker es amplio. De hecho, "palabras y frases que apenas existían una década atrás hoy son parte de nuestro lenguaje cotidiano, como el uso criminal de nuevas tecnologías para perpetrar ataques contra gobiernos, negocios e individuos. Estos crímenes no conocen fronteras, ya sea físicas o virtuales [es decir, son deslocalizados], causan daños considerables y plantean una amenaza real para cualquier persona en cualquier lugar del mundo" (Interpol, 2019).

El hecho de que estos crímenes no conozcan fronteras es una de las principales causas de preocupación. Piense en que los ciberataques no solo pueden tomarle prestada su tarjeta de crédito. También pueden cortar el suministro eléctrico de una ciudad, el de agua, el de gas o los sistemas de control de tránsito o las redes de atención de hospitales o las redes de cajeros automáticos o sitios web de elevada importancia, como el del Servicio de Impuestos Internos o el del Registro Civil. Todos estos blancos a los que los crackers apuntan se denominan "infraestructura crítica", cuando se trata de plantas o instalaciones físicas e "infraestructura crítica de la información", cuando se trata de aplicaciones informáticas. De allí entonces que a la primera se le denomine infraestructura crítica de hardware y a la segunda infraestructura crítica de software. Toda esta infraestructura en su conjunto es vulnerable y se encuentra expuesta a ataques.

Ahora bien, el punto es este: si su país es víctima de ataques informáticos, ¿qué represalias podría tomar la autoridad? Veremos un poco más sobre esto en el capítulo siguiente. Ahora nos centraremos en los métodos de ataque.

Estos métodos son comúnmente llamados "vectores de ciberataque". Lo que hace este vector de ataque (imagine usted una flecha) es crear una ruta o sendero que le permita llegar a cierto lugar en el cual instalarse y explotar ya sea un software o un código vulnerable que comprometa al equipo. A estos códigos maliciosos se los conoce como malwares. Las formas más comunes de malware son cuatro (Jasper, 2017), (Barría, et al, 2016):

- Gusanos (que se dispersan libremente)
- Virus (que se activan una vez ejecutados)
- Troyanos (que permiten el control remoto del sistema infectado), y
- Botnets (que buscan la negación de servicios)

La mayoría de estos códigos maliciosos evaden la detección por varios métodos, "tales como el uso de polimorfismos para cambiar automáticamente su código cada vez que se lo descarga, permitiendo al malware escapar a la detección de los antivirus que en todo momento están comprobando las firmas de los códigos" (Jasper, 2017). Puede verse un resumen en la tabla 2 a continuación.

**Tabla 2**. Clasificación de amenazas. Los cuatro principales malwares se han señalado con asteriscos. Los demás pueden considerarse como variaciones o derivados. (Fuente: elaboración propia)

| **Malwares** | **Característica principal** |
|---|---|
| Virus * | Necesita del usuario para replicarse. |
| Gusanos * | Es un tipo de virus que se autorreplica. |
| Spyware | Programa espía. Roba información. |
| Keylogger | Programa que lee lo que escribimos. |
| Adware | Algoritmo que busca llenarnos de publicidad y anuncios. |
| Troyano * | Modalidad de enemigo silencioso. Puede robar o destruir información mucho antes de que lo notemos. |
| Botnet * | Programa de negación de servicios. Crea un exceso de tráfico en la web, reduciendo el funcionamiento de la misma. |
| Fishing | Explota la confianza de los usuarios para extraer datos de cuentas bancarias o de tarjetas de crédito. |
| Ransomware | No es un malware propiamente tal, sino un uso malicioso de la criptografía. |

Los antivirus mantienen almacenada una larga lista de malwares conocidos. A esta lista se le llama (cómo no) “Lista Negra” (*Blacklist*). Esta lista contiene “firmas” o patrones identificables de malwares. La utilización de esta lista le permite al antivirus “saber” si un archivo entrante coincide —en alguna parte— con la lista que tiene en su memoria. Si se da una coincidencia (*match*), el archivo es inmediatamente clasificado como gusano, virus, troyano, etc. (Mujumdar, Masiwal y Meshram, 2013).

Con las personas pasa lo mismo cuando llegan a un aeropuerto. El encargado de revisar sus papeles les toma una fotografía con la que se buscan coincidencias con millones de fotografías asociadas a órdenes de búsqueda. De igual manera ocurre con el nombre, el lugar de origen, los lugares de tránsito. Todo esto configura un perfil. Si hay coincidencia de perfiles, entonces la persona forma parte de una *Blacklist* y la autoridad inmigratoria la detendrá para interrogarla hasta cerciorarse de si es el objetivo buscado o no.

Los antivirus actúan de un modo parecido cuando le piden su "pasaporte" al archivo. Resulta evidente, entonces, que si el malware es capaz de cambiar su firma, el antivirus no podrá realizar el *match* y el malware penetrará las defensas, tal como un terrorista puede llegar a pasar por inmigración bajo la inofensiva apariencia de un turista.

Veamos a continuación algunos de estos vectores de ataque y su especialidad.

Ya hemos dicho que en la cima de todos ellos se encuentra el malware, que es la abreviatura de *malicious software* o programa malicioso. Ingresa al computador a través de Internet, en un correo, pero también puede ingresar por medio de sitios que han sido hackeados, a través de demostraciones (demos) de juegos, archivos de música, toolbars o barras de herramientas, suscripciones gratuitas a publicaciones o cualquier cosa que se descargue desde la Web al computador (AVAST, 2019).

El virus computacional es la forma más conocida de ataque. Consiste en un programa que ingresa al computador a través de juegos o de visualizadores de archivos PDF. Se activa una vez que comenzamos el juego o abrimos el archivo (lo importante es que haya un clic de su parte). A partir de ese momento se replicará igual que un virus e infectará si no todo, gran parte del computador. Los efectos pueden resultar devastadores (AVAST, 2019).

El gusano informático es un programa o algoritmo que se replica a sí mismo y, por lo tanto, es una subclase de virus. Puede viajar de computador a computador, sin que deba mediar la acción humana (no importa si usted hace clic o no). Al autorreplicarse, puede enviarse a sí mismo en todas direcciones aprovechando, por ejemplo, su lista de correos y la lista de correos de cualquiera que lo reciba. Es tanta la capacidad de memoria que puede llegar a utilizar, que puede detener completamente el funcionamiento de los computadores individuales (Webopedia, 2019).

El spyware es un tipo de malware que se instala en el computador para espiar todos nuestros movimientos. Silencioso como un espía real, recoge información de toda clase y, utilizando Internet, la envía a terceros para que estos hagan uso de la información (AVAST, 2019).

Esta forma de ataque, el spyware, suele asociarse a otra llamada keylogger. Este keylogger es un programa que lee las teclas que pulsamos cuando trabajamos con el computador.

Otra forma de malware es el adware (por *ad*, advertisement, avisaje), que se instala en el computador para bombardear al usuario con avisos comerciales de toda clase.

Un troyano es un malware que actúa, al igual que el spyware, de manera silenciosa. A menudo aparece representado en la forma de un programa o aplicación y posee toda la apariencia de una aplicación benigna. No se replican a sí mismos como los virus, pero pueden ser igualmente destructivos. Zeus es el troyano más conocido. El hecho de que se instale en un computador puede causar la pérdida de datos o el robo de los mismos sin que el usuario lo note (Webopedia, 2019).

Un botnet es una red de computadores infectados que pueden ser controlados de manera remota, forzándolos a enviar spams, propagar virus, o montar ataques DDoS, sin que el usuario o propietario lo sepa (AVAST, 2019). DDoS es la sigla correspondiente a Distributed Denial of Service o Ataque de Denegación de Servicios. Cada vez que usted accede a un sitio web y verifica que tarda una enormidad en cargarse, es muy probable que esté recibiendo este tipo de ataque (AVAST, 2019). La negación de servicios "está diseñada para poner de rodillas a la red inundándola de tráfico inútil" (Webopedia, 2019).

El phishing es la manera que tienen los crackers de explotar la credibilidad y la confianza de las personas. Básicamente, consiste en obtener datos como, por ejemplo, nombres de usuario, claves de acceso, detalle de tarjetas de crédito, mediante una aplicación que adopta la estructura de una aplicación o servicio confiable. El usuario le cree a la aplicación y entrega todos los datos que esta le pide (AVAST, 2019), (Webopedia, 2019).

TrustedBank™

Dear valued customer of TrustedBank,

We have recieved notice that you have recently attempted to withdraw the following amount from your checking account while in another country: $135.25.

If this information is not correct, someone unknown may have access to your account. As a safety measure, please visit our website via the link below to verify your personal information:

http://www.trustedbank.com/general/custverifyinfo.asp

Once you have done this, our fraud department will work to resolve this discrepency. We are happy you have chosen us to do business with.

Thank you,
TrustedBank

Member FDIC © 2005 TrustedBank, Inc.

Figura 9: Un ejemplo de Phishing. Un email de apariencia normal enviado por un banco ficticio. El remitente intenta engañar al receptor para que revele información confidencial mediante la confirmación solicitada (hipervínculo con subrayado) al sitio web del cracker (Wikipedia, 2019).

Con el ransomware las cosas se complican, puesto que no es un malware, sino que se trata de una técnica criptográfica que virtualmente captura (o secuestra, según como se mire) el computador de modo que usted no lo puede usar. Para desbloquearlo debe pagar una suma de dinero a alguna cuenta que no será posible rastrear. Para desencriptarlo usted necesita una llave y esa llave se la vende el secuestrador. Para hacerse una idea más terrenal del asunto, considere la llave que abre la puerta de su casa. Es una sola tanto para abrirla como para cerrarla (o echarle llave). En el caso de la encriptación no sucede así. Aquí la llave para abrir es distinta de la llave para cerrar. Por este motivo, en nuestra analogía, ya que usted salió de su casa, al regreso no podrá entrar. Así entonces, el ransomware, antes que un malware, es un uso malicioso de la criptografía (Barría, et al., 2016). Entre algunos de los ransomware más conocidos se encuentran WannaCry, Petya, Cerber, Locky y CryptoLocker. El primero alcanzó fama mundial luego de infectar más de 230.000 computadores pertenecientes a gobiernos, oficinas públicas y hospitales. Es el más extendido de todos los ransomware y sigue operando en diversos lugares del mundo (AVAST, 2019).

Por último, la ingeniería social es un concepto al que ya nos hemos referido y posee la particularidad de que en vez de infectar al computador infecta directamente al usuario. Este recibe una llamada telefónica o es abordado mediante una conversación directa con el cracker. Suele tener éxito porque las víctimas, de forma innata, tienden a confiar en otras personas y a actuar de manera colaborativa (Webopedia, 2019).

Todas estas aplicaciones sintetizan, aunque sin agotarlas, las posibilidades de un cracker. ¿Cuáles son las materias que este tiene que dominar para acceder a los sistemas? Básicamente dos: programación y sistemas computacionales.

¿Cómo aprenden los crackers? De tres maneras: estudiando en institutos o talleres de computación, estudiando solos, de manera autodidacta o por medio de la experiencia, imitando a otros. El caso de Kevin Mitnick constituye un ejemplo de hacker formado al alero de estos tres ámbitos.

El caso de los hackers, crackers incluidos, es una de las mejores demostraciones que existen de que el encuentro de una capacidad intelectual normal con aquello que mejor la satisface, puede hacer de una persona una herramienta formidable, tanto para el bien como para el mal. Los crackers no son genios. De hecho, uno de los rasgos más sobresalientes de cualquier hacker es —antes que el genio— su incisiva curiosidad, a la que se une cierta irresistible necesidad de aprender. La satisfacción se encuentra garantizada, pues al término de muchas horas de intentos (que pueden incluir días y noches) el esfuerzo acabará rindiendo frutos y la cerradura que tanto costó vencer se abrirá. No hay nada que les produzca una felicidad mayor que hacer que esa cerradura de apariencia inviolable, ceda. La posibilidad de acceder a sistemas que se suponen inexpugnables son los mejores acicates para estos paradigmas del aprendizaje centrado en la práctica.

Figura 10: Una selección de libros de texto que enseñan programación, tanto en lenguajes conocidos como en otros más bien oscuros. Estos constituyen solo una muestra de los miles que existen disponibles y al alcance de hackers y crackers. (Victorgrigas, *Own work*, 2019)

No existen límites para un cracker, salvo los que se imponga él mismo. Los hay que solo se interesan por entrar en el espacio ajeno y mirar. Los hay también que se interesan por eso y por romper, destruir, mancillar, inutilizar, robar, extorsionar. Veamos un ejemplo citado por dos expertos en defensa argentinos, de Vergara y Trama, en *Operaciones militares cibernéticas*.

> Uno de los más sofisticados ataques cibernéticos, [el denominado] "Red October" se llevó a cabo en 2013 contra embajadas, centros de investigación nuclear, institutos de gas y petróleo, y agencias gubernamentales en varios países. Según el informe de Kaspersky Lab, "Octubre Rojo" llamado también "Rocra" fue un ataque cibernético avanzado que había permanecido cinco años en los sistemas antes de ser dirigido a las agencias de gobierno. "*El principal objetivo de los atacantes era reunir documentos sensibles de las organizaciones comprometidas, que incluían inteligencia geopolítica, credenciales para acceder a sistemas informáticos clasificados y datos de dispositivos móviles personales y equipos de red.*" (Vergara y Trama, 2017).

Lo que el hacker haga con los datos o la información obtenida dependerá tanto de su condición como de su carácter. Puede que no haga nada, que solo conserve lo adquirido en uno o varios servidores ajenos (que podrá tener secuestrados; Mitnick usaba servidores de universidades para conservar los datos que robaba) o en servidores propios convenientemente protegidos. O puede que se pase al lado oscuro de la Web.

Según el Instituto Nacional de Tecnologías de la Comunicación (Inteco), de España, "la motivación del verdadero hacker es el puro conocimiento. Es una persona curiosa, paciente y creativa que investiga y no se detiene hasta controlar un sistema o perfeccionar su técnica". Es así como de ambas ideas podemos rescatar un denominador común: conocimiento. Sin embargo, al igual que un arquitecto, que jamás dejará los andamios para que la gente vea cómo se construyó el edificio, el hacker no dejará rastro de cómo accedió a su objetivo.

A pesar de que las personas piensan que los hackers son intelectos desocupados o espurios, la realidad muestra todo lo contrario: ellos tienen que saber y para saber hay que leer. En otras palabras, el computador es solo un extremo de la cadena y no un único y solitario eslabón. Además, si el tema es guiado correctamente, pueden ser un interesante estímulo para los jóvenes, puesto que no requieren de ningún tipo de mecenazgo, solo su impulso intelectual para hacerse un nombre (*Diario Mayor*, 2014).

Lo importante es que el rasgo más característico del hacker es, antes que su inteligencia, su persistencia, su obstinación y, sin lugar a dudas, su curiosidad. En este sentido se pueden trazar paralelos con el científico, solo que en el caso de este último el modelo de realidad que se proponga, en la disciplina que sea, el científico debe construirlo de principio a fin. En el caso del hacker las cosas se encuentran construidas y terminadas. El hacker es un usuario, el científico es un descubridor.

# III. La guerra de los botones

Hasta ahora sabemos que cada uno de nosotros, usuario de aparatos o servicios electrónicos, estamos en riesgo de ser atacados por un cracker en cualquiera de sus modalidades, ya sea porque este desee curiosear entre nuestras pertenencias o para robarnos o extorsionarnos.

Otra cosa que sabemos es que si esto ocurre en el nivel de lo micro (o sea, en nuestro nivel, individual), también ocurre en el nivel de lo macro (países, industrias, corporaciones).

Sabemos que el tipo de agresión difiere solo en el modo, ya que en términos de delito no se ha inventado nada nuevo. O alguien nos observa, nos roba, nos extorsiona, nos secuestra, nos inmoviliza o nos amenaza; solo que esta vez lo hace en el mundo virtual, mundo al que nos hallamos conectados, tal como el campesino en la Antigüedad se hallaba conectado a su arado o el cazador a su jabalina. En resumen, nada nuevo.

O casi. Pues hay un "pero". Y este "pero" o salvedad tiene que ver con el conflicto en el nivel de lo macro. Hay distintos tipos de conflictos, uno de ellos es la guerra y por eso se le denomina conflicto armado o bélico. Para que haya conflicto tiene que haber una relación entre las partes. Ni usted ni nadie puede tener conflictos con alguien con quien no tiene relación. Pues bien, las tecnologías de la información han revolucionado estos conceptos a tal punto que hoy es muy difícil hablar de guerra en un sentido convencional. Esto, porque el enemigo es una entidad volátil, difícil de concretar en un ente reconocible, como un batallón, una patrulla, una brigada de caballería. Las cosas se han complicado. A continuación veremos cómo y por qué deberíamos preocuparnos.

## Ciberejércitos para todos los gustos

El conflicto armado del presente es como el capítulo que siempre falta en los libros de historia, especialmente en los que terminan con apuestas acerca del futuro. En pocas palabras: la Segunda Guerra Mundial fue la última de las grandes guerras convencionales. Ejércitos se enfrentaron a ejércitos.

Por el contrario, las guerras del presente son guerras no convencionales en que los ejércitos ya no sirven de mucho (o al menos, no a la antigua usanza) y en las que la diferencia entre los bandos no guarda relación con el número, antes bien con el daño que uno de ellos puede causar al otro. El conflicto, entonces, se dice que es asimétrico.

Vuelve David a la escena.

Pero no se trata de un único David, sino de muchos: la audiencia a la que debemos disuadir, escribe Scott Jasper, abarca desde actores no estatales, como Anónimos, hasta actores estatales que actúan a gran escala y de manera cada vez más agresiva. "A finales de 2016, más de treinta Estados nación, muchos de ellos hostiles a los valores occidentales, han estado desarrollando capacidades de ciberataque ofensivo... [En la actualidad, los] ciberataques contra redes de información e infraestructura crítica pueden evitar las defensas tradicionales, desbaratar sistemas de mando y control, y fracturar la voluntad política [del agredido]" (Jasper, 2017). Esto en el caso de los Estados. A ellos hay que sumar actores no estatales, entre los cuales se cuentan organizaciones políticas en defensa de causas sociales, organizaciones criminales y grupos terroristas. "Las organizaciones criminales y los grupos terroristas son, en su mayoría, *malos actores*, con habilidades que van del promedio a buenas. Los Estados nación, por su parte, y grupos de hackers, se consideran *actores maliciosos*, con destrezas exquisitas, motivaciones de alta durabilidad y la capacidad de organizar y causar graves daños" (Jasper, 2017). La estructura que conforman estos grupos carece de bordes o límites: todo les está permitido. Una organización policial convencional requiere de la autorización de un juez para realizar, pongamos por caso, una escucha telefónica. El juez, por su parte, requiere de respaldo legal para hacerlo. La estructura criminal no tiene ninguno de estos "inconvenientes". Sencillamente actúa. Y esto es asimetría.

Todos estos actores pueden cambiar de escala (pasar de ser unos cuantos a unos pocos miles), de proximidad (pueden atacar desde la vereda de enfrente o desde otro país, situado a miles de kilómetros de distancia), sin perder precisión por ello. La distancia no es problema. Tampoco el idioma o la cultura.

Estos actores maliciosos poseen capacidades que les permiten ya sea montar un ataque desde su pieza o bien contratar crackers por un período limitado. Estos crackers no tienen para qué inventarlo todo. Ya hemos señalado que para eso existen foros de Internet en los que es posible intercambiar toda clase de herramientas. Uno de los más conocidos es Darkode. En él se ofrecen botnets, ransomware, herramientas de ataque de día cero (*zero-day tools*), entre un amplio abanico. No por nada "Darkode fue cerrado por el FBI. [Solo] que menos de dos semanas después el foro había reaparecido, esta vez con nuevas medidas de seguridad" (Jasper, 2017). Para protegerse, estos sitios cuentan con servicios como BPHS o Servicios de Hosting a Prueba de Balas por sus siglas en inglés.

BPHS ofrece toda clase de coberturas, una de ellas consiste en hacer aparecer un sitio malicioso como otro totalmente legal. Para lograrlo, suelen ubicarse en países donde la legislación en ciberseguridad es laxa o anticuada —como Chile—, con lo cual consiguen reducir o eliminar las sospechas que eventualmente pudieran despertar.

Como el lector puede ver, los ejércitos que en nuestros libros de historia se componían de hombres, ahora se componen de palabras, palabras extrañas, a menudo sin significado o instrucciones compuestas de números que a su vez esconden órdenes que su computador o el servidor de una planta de gas, ubicada cerca de su domicilio, van a seguir —llegado el momento— obedientemente.

## Cómo organizar una revolución

Se dice que Corea del Norte tiene un ejército de seis mil cibercrackers. Irán le seguiría de cerca. También debemos considerar China, Rusia, y Estados Unidos. Todos estos casos constituyen ejemplos de organizaciones encargadas, como los ejércitos de antaño, de atacar, defender, resistir y proteger, dentro del marco de lo estatal. En otras palabras, se trata de crackers pagados por los Estados para realizar operaciones militares no convencionales.

Fuera del marco de lo estatal, encontramos toda clase de organizaciones que albergan a grupos o conjuntos de grupos —o de individuos, incluso— con finalidades diversas.

Vayamos por partes.

SEA es la sigla correspondiente al Ejército Electrónico Sirio, por sus siglas en inglés. Este ejército presta apoyo al gobierno de ese país "en un arreglo [bastante] nebuloso. Estacionado en Siria desde 2011, con cómplices en Alemania, el SEA ha hackeado y desfigurado más de cuarenta sitios con el propósito de difundir opiniones políticas en apoyo del régimen de Assad. Las tácticas de SEA incluyen la configuración de sitios falsos de Facebook y YouTube para recoger credenciales de inicio de sesión (login credentials)" e introducirse con ellas en servicios a los que el propietario de la cuenta pertenece, ya sea como empleado o consultor. "Uno de sus ataques más conocidos fue el de la toma de control de la cuenta de Twitter de Associated Press en abril de 2013, y el subsecuente tuiteo de un mensaje, indicando que una bomba había explotado en la Casa Blanca, hiriendo al presidente Obama" (Jasper, 2017). Un caso distinto lo constituye el mencionado "Anónimos" (Anonymous). Esta organización no es estatal, pero tampoco es privada. Digamos que es social y que, como la biblioteca de Borges, es similar a una esfera cuyo centro está en todos lados y la circunferencia en ninguno. Quizá por lo mismo, se lo considera uno de los mejores grupos de hackeo no estatales en el mundo; su propuesta tiene que ver con "cuestiones políticas largamente postergadas... que han acarreado a menudo consecuencias trágicas para ciertos movimientos sociales. Se trata de una comunidad socialista basada en Internet, de tipo no extremista, que busca respuestas a preguntas que han quedado sin contestar" (Halpin, 2014). Recientemente, el diario inglés *The Guardian* publicó un artículo sobre un hecho ocurrido en Estados Unidos, específicamente en Steubenville, Ohio. En él, dos miembros de un equipo de fútbol americano cometieron un asalto sexual a una adolescente. Anonymous se enteró y publicó videos y testimonios correspondientes a la noche del asalto y los distribuyó entre sus millones de seguidores, desatando una corriente de odio y demandas asociadas a la etiqueta #JusticeforJaneDoe. Con ello, "desataron la acción de turbas enfurecidas que dividieron en dos al pequeño pueblo, y en el proceso dieron fuerza a generaciones de mujeres que se habían visto forzadas a esconder los abusos [de que habían sido víctimas]. El video pregunta, cuando ya parece que nada cambiará, ¿cuándo es correcto que los independientes intervengan?" (*The Guardian*, 2019).

Tal como señala Jasper, Anonymous no opera siguiendo directivas, sino ideas. En 2010, cuando diferentes operadores financieros se negaron a procesar pagos asociados a WikiLeaks, Anonymous hizo un llamado a la acción y tomó represalias recurriendo a ataques DDoS o de Denegación de Servicios. Decenas de miles de personas participaron en los ataques, tras los cuales fueron arrestados catorce individuos. Luego, el director del FBI hizo una advertencia pública: "Queremos dejar en claro que no aceptaremos el caos en Internet". A lo que Anonymous contestó: "Vuestras amenazas de arrestos carecen de importancia para nosotros. Ninguno de ustedes puede arrestar una idea" (Jasper, 2017).

Por si todo esto fuera poco, Anonymous señaló que carecen incluso de líder, que entre ellos nada es oficial y que solo trabajarán por dar voz a los que no la tienen. Su condición supranacional no los hace menos temibles que un país como Corea del Norte. Son una sociedad sin fronteras y tienen, como cualquier sociedad, la posibilidad de declarar una guerra. Después de los ataques terroristas de noviembre de 2015 en París, le declararon la guerra a ISIS. En marzo de 2016, durante la campaña presidencial en EEUU, declararon la guerra total a Donald Trump. Lo mismo hicieron con Hillary Clinton. Pese a todo, y al tratarse de una entidad variopinta y muy difícil de diferenciar, en algunos casos sus declaraciones resultan contradictorias. Sirva de ejemplo lo ocurrido con Donald Trump, al que amenazaron con borrar todas las huellas de su paso por la Web, tuits especialmente, de mantenerse en su postura de prohibir la entrada de musulmanes al país. Sin embargo, al poco tiempo apareció un video en You Tube en que Anonymous rechazaba esta propuesta por ir en contra de los mismos principios que defienden, a saber, la libertad de expresarse libremente, incluso "si la persona en cuestión... es un monstruo". No era nuestra idea tener que vernos obligados a elegir entre el ejército de crackers norcoreanos y Anonymous, pero aquí estamos, justo en la zona de tensión. Organizaciones que carecen de fronteras, amparadas en estructuras más o menos invisibles son difíciles de combatir. Es complicado culpar a un Estado por lo que hacen sus ciudadanos de manera independiente. También lo es probar que lo contrario es cierto, es decir, que actuaron de común acuerdo el gobierno con los grupos sociales. "Esta relación entretejida permite a los gobiernos esconder su actividad maliciosa y proclamarse inocentes en caso de ser acusados... [La] convergencia de varios actores, de motivaciones, tácticas, y capacidades que complican la atribución de un ataque, hace que una aproximación única [al fenómeno], con miras a cambiar la conducta de un actor singular, tal como puede serlo un Estado-nación, sea impracticable o imposible" (Jasper, 2017).

Así, la guerra invisible que hoy se lucha está sucediendo justo allí, a su lado, y usted participa sin saberlo, a veces incluso sin quererlo. Por lo mismo, en el triángulo que forman los gobiernos, el crimen organizado y los grupos sociales, usted no está en el centro, usted está en uno de los lados. Usted no es independiente, usted es un observador, en el mejor de los casos, un observador activo. Y es que usted, con independencia de la medida, también influye.

Esto es interesante de observar. Es un fenómeno que, hace ya algunas décadas, el economista Mancur Olson denominó "incentivos selectivos" (Olson, 1982). Aun a riesgo de pasar por alto detalles importantes, vamos a explicarlo del siguiente modo: si algunas personas arriesgan sus vidas por un asunto que al final afectará a todos, y otras muchas personas a su vez, no arriesgan nada sino que solo esperan a que ese cierto asunto se resuelva, el beneficio global que se obtenga como resultado final los beneficiará a todos en la misma medida, incluso a los que no arriesgaron nada. Los bienes colectivos tienen ese carácter: benefician a todas las personas aunque solo unas pocas de ellas hayan hecho algo por conseguirlo. "En consecuencia, será difícil que aparezcan incentivos por los que un individuo racional y egoísta actúe en beneficio del grupo" (Hernández y Pérez, 2002).

Por lo tanto, el incentivo selectivo es la ventaja que usted obtendrá en el caso de actuar en beneficio de un grupo. Resulta obvio, entonces, que si el grupo es grande, como en las elecciones presidenciales, su incentivo selectivo será bajo, porque lo más probable es que su vida cambie bastante poco. En este caso, el incentivo selectivo para que un elector común se comporte como un "elector racional" es extremadamente bajo. Dado que la probabilidad de que un elector común llegue a cambiar el resultado de las elecciones es infinitamente pequeña, el ciudadano común se vuelve "racionalmente ignorante" acerca de los asuntos públicos (Olson, 1982).

Aquí es donde entra Internet. En algún momento, un ciudadano común dice o hace algo. Ese algo que dice o hace "sube" o es "subido" a Internet (ya sea que lo haga él u otro). Y al traspasar cierto umbral, esto es, pasada la barrera que separa lo "particular" de lo "viral", la palabra o el hecho dejan de ser lo que fueron y se transforman en alimento de la colectividad.

Ahora bien, demos un paso más y pensemos estratégicamente. Hay dos maneras de provocar el caos. La primera es organizándolo. La segunda es aprovechándolo como una entidad preexistente, es decir, todavía en potencia. La primera es difícil. Usted puede trabajar toda su vida en organizar el caos sin conseguirlo jamás. ¿La razón? No lo sabemos con exactitud. Una cosa sí es cierta: la organización del caos va a depender de los contextos. El asesinato del archiduque Francisco Fernando desató la Primera Guerra Mundial, pero Europa en aquel tiempo era un pajar. Cualquier chispa iba a iniciar la conflagración. Dicho de otro modo, si Europa hubiese sido como madera húmeda, la muerte del archiduque hubiese ocupado una nota al pie de los libros de historia, no mucho más. La segunda, aprovechar el caos ya existente, no es más fácil, pero al menos puede usted sentarse a esperar. Y este último caso es el que nos interesa más.

Nadie sabe muy bien qué caso en particular va a desatar un caos de proporciones. Pero si usted actúa teniendo en mente su "incentivo selectivo," sabrá qué esperar y dónde. En ocasiones, usted querrá desatar el caos en cierta dirección, sin lograrlo. Y en otras, aunque no quisiera desatarlo, lo hará. No se trata aquí de ganar o perder, se trata de poner en movimiento algo que no sabemos hacia dónde irá. Este es el asunto, he aquí un punto de inflexión, un *tipping point*.

El 17 de diciembre de 2010, en la ciudad de Sidi Bouzid, en Túnez, Mohamed Bouazizi, un vendedor de frutas de veintiséis años, decidió inmolarse en protesta por los abusos de la policía. Ese día en particular, una mujer policía se acercó al carro que este empujaba hacia su puesto de trabajo y empezó a quitarle parte de las frutas que llevaba, en un acto que ya se había hecho costumbre. Bouazizi protestó. Su familia dependía de los ingresos que la venta de frutas le producía. El carro le daba la posibilidad de obtener un pequeño lucro y este le permitía vivir. "La mujer policía lo golpeó con su bastón y después lo abofeteó. Otros dos oficiales lo empujaron y lo tiraron al suelo. Bouazizi quedó como un paño arrugado en la tierra, suplicando a sus torturadores. La gente que estaba allí decía que lo vieron llorar y gritar repetidamente, '¿por qué me hacen esto?' Más tarde, ese mismo día, Bouazizi se detuvo enfrente de la municipalidad y en un acto final y desesperado, se roció con diluyente para pinturas y encendió un fósforo. Murió en la unidad de quemados dieciocho días más tarde. La dictadura tunecina no duraría mucho más" (Dobson, 2012).

Ahora bien, nadie pudo programar lo que pasó, mucho menos lo que siguió. Después de Túnez, la revolución saltó a Egipto, a Baréin y Yemen. Después a Libia, poniendo fin —de paso— a los cuarenta y dos años de dictadura de Muammar Gadaffi. La onda expansiva, sin embargo, no se detuvo allí y se hizo sentir en Argelia, Jordania, Omán, Arabia Saudita y Sudán (Dobson, 2012). ¿Qué rol cumplieron las redes sociales de Internet? Para nuestro "espectador paciente" la oportunidad —o la ocasión, aquella diosa a la que veneraban los romanos— se había presentado sin que nadie la llamara. Solo había que aprovecharla, subirla a un tren que partiendo de una sola estación recorriera al mismo tiempo todos los ramales, mucho más rápido de lo que uno tarda en pestañear. Las redes, entonces, no provocaron ni provocarán revoluciones: las redes las canalizaron. Y lo harán de un modo exponencial, pues antes, cuando había teléfonos, o antes de eso, cuando solo había telégrafo, las revoluciones iban de un lugar a otro hasta completar un trayecto largo que tenía dos características: 1) era determinístico, en función de la ruta y 2) no se limitaba a la presencia fortuita o no de un reportero. Internet, en cambio, ha hecho que la canalización sea total, esto es, en todas direcciones; no en una (carácter explosivo de la noticia) y ha permitido también que la censura resulte por completo anulada, porque el portador no es un reportero, es el hombre de a pie, el hombre común (carácter holístico de la observación).

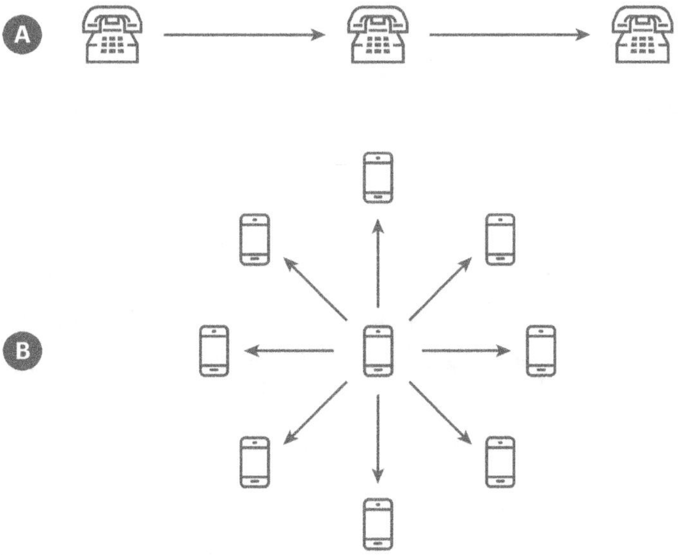


Figura 11: La letra A muestra la comunicación a la antigua usanza. Un reportero lanzaba la noticia y esta era retransmitida en serie, de un teléfono a otro. La letra B muestra el carácter explosivo de las redes, en que el medio central (un teléfono celular) es el nodo inicial. Después de él, cada nuevo teléfono será, a su vez, el nodo inicial de una nueva red. Así, la velocidad y la ausencia total de censura o compromiso, hará que la comunicación resulte explosiva. (Fuente: elaboración propia)

En consecuencia, no es posible estudiar los efectos de un fenómeno social solo en términos de velocidad, pues también influye la estructura de red en que se da. En otras palabras, es como si al modelo antiguo (llamémoslo "telefónico") se le hubiese añadido otra dimensión. Las redes por sí solas constituyen esta nueva dimensión.

Por si todo esto fuera poco, quienes han investigado este fenómeno histórico han descubierto algunas cosas interesantes sobre las redes propiamente dichas. La primera es que se hallaban en estado de tensión antes de que el suceso puntual esparciera el incendio en todas las direcciones (y no es un juego de palabras) y los mensajes circulaban cargados de presagios, es decir, la sobrecarga es un indicador de que algo se estaba gestando. La segunda es que, pese a ello, nadie lo vio venir. Más aún, los datos encontrados con posterioridad a los hechos, permiten señalar que un mes antes ya los primeros indicios circulaban por Internet:

> La discusión política en los blogs presagió el vuelco de la opinión pública tanto en Túnez como en Egipto. En Túnez, las conversaciones acerca de [tópicos como] la libertad, la democracia y la revolución, ya fuera en blogs o Twitter, a menudo precedieron de manera inmediata a las protestas masivas. El veinte por ciento de los blogs evaluaban el liderazgo de Ben Ali el día en que presentó su renuncia al gobierno (14 de enero), lo que había comenzado con solo un cinco por ciento el mes anterior. Con posterioridad a todo ello, el tópico principal en los blogs tunecinos fue "revolución," hasta que una concentración de al menos 100.000 personas eventualmente forzó a los líderes supervivientes del antiguo régimen a renunciar al poder (O'Donell, 2011).

En Túnez, menos del veinte por ciento de la población usaba redes sociales al momento en que ocurrieron los hechos descritos, pero casi todo el mundo contaba con un teléfono celular. Por su parte, en Egipto, la semana previa a la caída del presidente Hosni Mubarak "la tasa total de tuits [en el país] —y alrededor del mundo— acerca del cambio político... aumentó desde 2.300 a 230.000 por día. Los videos que mostraban comentarios políticos o protestas se volvieron virales —los 23 videos más vistos recibieron un total de 5,5 millones de visitas" (O'Donell, 2011). Para calibrar el significado de todas estas cifras, considere el lector que entre el inicio de las protestas en la plaza Tahir, de El Cairo, y la caída del presidente Mubarak, pasaron tan solo dieciocho días. Mubarak llevaba en el poder más de treinta años.

Los tuits, que carecen de fronteras, un hecho que, como hemos señalado, caracteriza estas nuevas formas de conflicto, se reproducían en los países vecinos a una tasa vertiginosa. La propagación de las ideas cundió con la misma celeridad que una epidemia de gripe, con la diferencia de que en este caso no había inhibidores para recetar. Al tomar esto en cuenta, se entiende el carácter transnacional de todo el cuadro.

Según el profesor Philip Howard, de la Universidad de Washington, "los medios no causaron la agitación en África del Norte, [sino] que alteraron la capacidad política de los ciudadanos para afectar la política doméstica.

Los activistas en línea crearon una ecología virtual de la sociedad civil, debatiendo asuntos contenciosos que no podrían haber sido discutidos públicamente" (O'Donell, 2011).

Internet permite tender puentes entre grupos fragmentados, más aún, entre grupos que no saben que otros grupos también comparten sus puntos de vista, porque la red misma —aunque sea virtual— va tejiendo el movimiento sin que sea posible detenerlo. Recordemos que en sus orígenes, el proyecto ARPANET buscaba precisamente eso: comunicar a los que fueran quedando incomunicados en el evento de un ataque nuclear. Esta capacidad, inherente a la filosofía que alienta a Internet, es la que hizo posible propagar la Primavera Árabe desde Túnez hasta Siria, pasando por encima de diferencias de etnias, nacionalidades y credos.

En consecuencia, las redes sociales, o mejor, los objetos que corren por esas redes en forma de mensajes de carácter social —o sea, que afecta o tiene que ver con la vida en sociedad—, no producen ni generan revoluciones. Son las revoluciones las que se valen de los medios. Es lo mismo que pasa con el dedo de mi pie cuando lo golpeo contra la bañera. No es el dedo el que me duele, es la información que procesa mi cerebro en forma de "te golpeaste el dedo del pie, por lo tanto te duele *allí*, en el pie" la que hace que me sobe el dedo del pie (¡y no la cabeza!). Las redes canalizan, comunican, coordinan, establecen las revoluciones, no las producen, tal como el sistema nervioso no es el que le propinó el golpe del pie contra la tina. Sin embargo, hay algo más. Su sistema nervioso le dice que se golpeó el dedo del pie contra la tina, pero no le dice que la tina cobró vida y lo golpeó a usted. Las redes sociales, sí. Las redes sociales se retroalimentan. Y al hacerlo, producen distorsiones, no ya en los síntomas que usted experimenta sino en la realidad misma. Para usar la expresión del filósofo Jean Baudrillard, la red comienza a "simular" la realidad. Es como si de pronto su sistema nervioso enloqueciera y, al hacerlo, comenzara a enviarle información espuria, engañosa, sobrecargada. Si eso sucediera con usted, usted no sería una criatura viable, esto es, a nivel individual. Si sucediera con la especie, la especie misma no sería viable en las circunstancias actuales.

De lo anterior entonces, estamos en condiciones de establecer que el papel de las redes en conflictos sociales de envergadura, puede reducirse a dos, siendo el segundo de ellos un derivado del primero:

1) Conectar el movimiento, con independencia de fronteras o límites; y consecuentemente,
2) Sobrecargar las redes con información no confirmada, en lazos de *realimentación*.

Estos últimos pueden resultar fatales cuando son de refuerzo o incrementales. Lo que sea que transmitan por la red, crecerá, con independencia de que sea cierto o falso.[18]

En suma, y a modo de síntesis, podemos establecer lo siguiente acerca de la ciberguerra:

- Está teniendo lugar ahora mismo, frente a usted.[19]
- Puede darse tanto de manera institucional como extrainstitucional, incluso en alianzas estratégicas entre entes de distinto signo (Estado - grupos de interés - individuos).
- Se propaga más rápidamente que la posibilidad de advertir su

18 Recuerde nuestro lector que los lazos de realimentación podrán ser de 1) balance o estabilización o 2) de refuerzo o incrementales.

19 Y adentro de usted, en su mente.

propagación. Cuando usted la ve venir, ya pasó.

- Se retroalimenta, ya sea para balancearse o reforzarse.
- Aunque es posible, resulta difícil de predecir, tal como un incendio con muchos posibles focos y que no sabemos en qué dirección o con qué fuerza avanzará.
- No reconoce fronteras, nacionalidades, razas, creencias.
- Es moralmente neutra.
- Es difícil y, en muchos casos, imposible de desactivar.
- ¿Es posible entonces ganar una ciberguerra? Veamos.

## Cómo ganar una ciberguerra

La manera más viable que hoy por hoy se visualiza de enfrentar las amenazas de una ciberguerra es la disuasión, práctica que busca prevenir una acción no deseada por parte de un determinado adversario. La disuasión tiene varios formatos, modos y momentos. Lo importante es que un atacante potencial pondere el costo de actuar antes de hacerlo. Quizá sepa que en un primer momento puede lograr el efecto deseado. Pero después de eso, ¿cómo va a reaccionar su enemigo? ¿Qué costos tendrá para él esa reacción? A la larga, este potencial agresor se preguntará si no es mejor dejar las cosas como están.

Es probable que habida cuenta de la deslocalización del enemigo, de la ausencia de fronteras o de instituciones bien definidas, la única medida posible sea la disuasión, acompañada del hecho de que debe ser creíble. Si se amenaza con actuar, entonces en caso de ataque, se debe actuar. Si no se actúa, la disuasión no es creíble y si no es creíble no es disuasión.

Es importante tener en cuenta esto último, pues si el Estado que disuade no cuenta con las leyes o las instituciones que eventualmente harán efectiva la advertencia, la disuasión resultará espuria, vacía y, a la larga, inútil. No puede un hombre amenazar a otro con dispararle si traspasa la cerca de su predio, si no cuenta con el arma para hacerlo y si las leyes además se lo prohíben. Para disuadir se debe ser creíble.

En la disuasión no son solamente las palabras o la retórica oficial lo que interesa. No debe pasarse por alto que la disuasión es una forma de amenaza inteligente.[20] Ella no dice que estamos dispuestos a hacer algo, dice que lo haremos si un conjunto de condiciones —de llegar a darse— así lo requieren. La disuasión, entonces, debe existir en varios niveles y frentes, esto es, para lo grande (estratégico) y para lo pequeño (táctico), para lo interno (nacional) y para lo externo (internacional).

En el campo de lo pequeño o táctico, hay ciertas amenazas que vienen a cuento aquí: hablamos del hacktivismo. El hacktivismo es una ciberamenaza de menor alcance, de tipo local y corresponde a un agente, normalmente único, carente de una estructura más compleja. Suelen activarse en función de un hecho en particular y concitar la atención de cierto tipo de público que se moviliza y actúa en referencia al llamado. A estas acciones se las denomina hacktivismo. La expresión hace referencia a la unidad de hacker con activismo y apunta, por variados medios, a llamar la atención sobre distintas causas, sociales o políticas, que ellos consideran como defendibles o reprobables.[21] Detrás de esta clase de postura puede haber una o más personas que se ponen de acuerdo para, en un corto plazo, producir una acción determinada, enmarcada en lo que se conoce como desobediencia civil.

Un ejemplo de hacktivismo es la acción que organizó un grupo de personas en octubre de 2019 en Chile, que llamó a usar la red del metro de Santiago sin pagar por el servicio. Cientos de personas desbordaron la seguridad física de las estaciones, ingresaron a los andenes y destruyeron equipos de control de pasajeros como los torniquetes. La acción, en este caso, obedece a un llamado y este llamado obedece también a una valoración del transporte público, cuya tarifa se consideraba abusi-

20 La diferencia entre la amenaza y la advertencia viene al caso aquí. La amenaza es algo que quien la pone en juego está efectivamente en condiciones de cumplir. La segunda es una señal que muestra un hecho posible, pero cuya ejecución no depende del que hace la advertencia.

21 Por lo mismo, el término más adecuado en este caso debiera ser, antes que hacktivista, cracktivista.

va. El hacktivismo, tal como se dio en este caso, es difícil de pesquisar y de anular. Como se trata de acciones encubiertas y aisladas, se produce una suerte de encuentro imposible de consumar entre lo macro y lo micro y esto vale tanto para la causa como para la consecuencia.

Lo importante para nosotros es que este tipo de acción (que no es nueva) es posible, en gran medida, gracias a la Web. De nuevo, la misma idea sobre la que se fundó Internet (que entre otras cosas buscaba facilitar la comunicación entre investigadores y académicos) hizo posible fenómenos como los que hemos analizado. Al desacoplarse del mundo académico y pasar al servicio de la sociedad civil como un todo, la prestación facilitó la vida de las personas. Y en la misma proporción la puso bajo amenaza. "Miles de lecciones [se pueden sacar], de las que todavía deberemos aprender," escribía en 2005 Cliff Stoll, quizá el primer cazador de hackers a gran escala del siglo pasado. "Donde un puñado de hackers intentaba robar información, ahora encontramos a miles de crackers, phishers,[22] y pseudoguionistas,[23] abusando de los incautos. Sistemas operativos inseguros, diseñados para ambientes benignos, se encuentran ahora por todo Internet" (Stoll, 1990).

En efecto, se trataba de ambientes benignos. Ya no.

Cuando las redes permitían el libre intercambio de información entre científicos, el asunto podía reducirse a una tarea específica, por ejemplo, la búsqueda de partículas elementales. Es cierto que casi nadie en el mundo las anda buscando, pero también es cierto que los creadores de Internet no pensaban en la Web cuando comenzó. Ni siquiera formaba parte de sus pesadillas. El salto que va de la Internet a la Web (es decir, de las redes al ciberespacio), equivale al que va desde el individuo y sus rela-

22 Los phishers son sujetos que envían correos electrónicos para obtener información, recurriendo al uso fraudulento de personas o compañías.

23 Hemos traducido script-kiddies por pseudoguionistas. Se trata de personas que usan maliciosamente códigos de programas elaborados por otros, en la imposibilidad de hacerlo por ellos mismos.

ciones (unas ciento cincuenta)[24] a las de toda la humanidad interconectada, lo que quiere decir que en cuanto Internet pasó a ser la Web, cambió la escala de la vida entre las personas. Por lo tanto, hoy en día la Web es un organismo o, si usted lo prefiere, un metaorganismo. La Web no está viva, como se dice de los virus, pero tampoco es una sustancia inerte.[25]

Internet es una tecnología de escala humana: no solo porque llega a todos nosotros, sino —y muy especialmente— porque se parece a nosotros. Internet roba, miente, aconseja, acompaña, ilustra, organiza, amedrenta, interfiere, demora, complica, simplifica. Y vende también. Y compra. Últimamente usted le puede hablar y ella escucha. Pero también lo puede escuchar ella a usted, aunque usted no le hable.

Internet no se saltó una etapa de la historia. Más bien se saltó un infinito. Ni siquiera la globalización, un fenómeno con miles de años de historia, estaba preparada.

El punto es que Internet es una imagen especular de nosotros. Nuestro reflejo. Es y actúa como nosotros. Y este parecido es asombroso y atemorizante a la vez. Por lo mismo, no debiera extrañarnos que determinadas acciones locales tengan alcances nacionales. Es perfectamente posible que un hacktivista, movido por alguna idea más o menos propia, determine un movimiento que a la larga escale hasta proporciones para él impensadas. Y este es un problema para la estrategia disuasoria, pues en general ella se diseña para enemigos poderosos y organizados. En el caso del hacktivista, este puede ser un individuo sin más recursos que su computador personal o su teléfono móvil. Lo normal, entonces, es que una amenaza de este tamaño —individual— no esté al tanto de los supuestos disuasorios y actúe sin tomarlos en cuenta.

Queda, entonces, dando vueltas la pregunta acerca de cómo disuadir al individuo aislado, que actúa por sí y ante sí. Más todavía, no estamos

24 Se dice que la cantidad de relaciones que una persona mantiene en su vida, alcanza para tender una red de unos 150 nodos. Las cifras varían, en todo caso, entre 100 y 150.

25 Al día de hoy, este es un tema candente. Por cierto, queda fuera del alcance de este libro, pero recomendamos dos títulos que abordan estos temas: *Superintelligence*, por Nick Bostrom (2016); y *Artificial you*, por Susan Schneider (2019).

hechos los seres humanos para concebir siquiera que se pueda culpar a alguien por encender la antorcha de una revolución. Este carácter del fenómeno es lo que hace tan difícil estructurar medidas que sirvan para enfrentar todas las amenazas. Si aceptamos que tenemos un problema de alcance global con la deslocalización de las amenazas —pues ellas pueden provenir de lugares en los cuales nuestras leyes no son aplicables—, debemos aceptar también que no tenemos la capacidad de atacar lo muy pequeño, lo de alcance local. Las bombas, para decirlo de una sola vez, destruyen manzanas o ciudades completas. El problema, entonces, es que no hay bombas lo suficientemente pequeñas como para destruir un solo cuarto, un solo escritorio. La mano del poder convencional no tiene la sensibilidad fina que demanda esta clase de ciberamenazas.

Esta es la delgada línea que la ciberguerra se ve obligada a observar. En estos días el poder es una cuestión de tamaño y dista de ser absoluto. Lo que reina en la actualidad es la asimetría de la que hablábamos antes. La asimetría empareja el terreno. La acción defensiva del destructor USS Mason en el Mar Rojo, le costó a la Armada de los Estados Unidos la friolera de ocho millones de dólares. ¿El costo para los atacantes? Quinientos mil dólares. Menos del diez por ciento. Eso es asimetría y el problema que nos plantea consiste en resolver la disonancia que se produce entre ataques de baja tecnología, o de bajo costo, y respuestas defensivas de alta tecnología o de costo elevado (Burgers y Romaniuk, 2016).

Ya en 1991, el historiador militar israelita Martin van Creveld escribió un libro acerca de la transformación de la guerra. En él postulaba que si bien la guerra como tal seguía —y seguiría— tan viva como siempre, aquella otra, la convencional, irá quedando cada vez más relegada al olvido. En sus palabras:

> La guerra a gran escala, la guerra convencional —tal como la entienden las principales potencias militares del presente— puede estar dando sus últimos suspiros; sin embargo, la guerra en sí misma, la guerra como tal, sigue tan viva como en sus mejores días, y se encuentra a las puertas de una nueva era (Van Creveld, 1991).

Su pronóstico, con todo lo que hemos visto hasta aquí, no parece exagerado: "Un fantasma se mueve por los corredores de los estados mayores y los departamentos de defensa de todo el mundo 'desarrollado': es el miedo a la impotencia militar, incluso a su irrelevancia" (Van Creveld, 1991). La guerra cambió no solo de tinte, cambió de sabor y de marca. Hasta la idea de victoria tiene hoy otro significado al dejar de lado la superioridad en el campo de batalla por el concepto de estabilidad-después-de-la-batalla (Parker, 2005). Ninguna victoria en el campo de batalla será garantía de la estabilidad buscada. De paso, esta parece ser la parte más difícil. La paz también estalla, para parafrasear al escritor José María Gironella, con lo cual queremos decir que no es extraño descubrir que las revoluciones a veces se traicionan a sí mismas. Los que pensaban que haciendo rodar la cabeza de Luis XVI, en 1793, acabarían con los monarcas en el país no consideraron que más pronto que tarde la monarquía regresaría por sus fueros y habría más reyes ante los que descubrirse, por lo menos hasta 1848.

Doblemente difícil, entonces, para las amenazas que nos plantea este desigual combate. Vamos a decirlo de este modo: alguien que desea iniciar una campaña en favor de cierta agenda política o postura social, al apuntar hacia lo más alto puede olvidar que todo lo que sube baja y que el punto de partida puede terminar siendo el mismo que el de llegada. Las revoluciones o las guerras no se organizan para quedar donde mismo se estaba al comienzo. Se hacen para que el final sea distinto del principio. Pues bien, nuestro sujeto experimental inicia una campaña en favor de una causa ignorando, probablemente, que no sabe dónde acabará todo.[26]

Y esto es lo grave. No sabemos muy bien, todavía, cómo defendernos de ello. La guerra cambió porque el mundo cambió. Pero el mundo cambió hace muy poco tiempo y los inventores de la guerra todavía no le toman el tranco a las nuevas amenazas. Es curioso, pero lo que sea que haya producido este tiempo nuestro, ya no vive con nosotros.

26 "Un hombre no sabe lo que sabe hasta que sabe lo que no sabe", escribió el experto en educación Laurence J. Peter, creador del principio que lleva su nombre.

Todo esto suena muy extraño, es cierto. Y es que la asimetría entre la amenaza y el hecho de tener que combatirla engendra toda clase de paradojas o, si usted lo prefiere, de anticlímax. "Una falla evidente", escriben Burgers y Romaniuk "en las armas [de alta precisión] es su falta de disuasión. Si se usan para la seguridad, debería haber un propósito en su no-uso; sin embargo, su no-uso fracasa a la hora de disuadir a las principales amenazas que plantean las amenazas no-centradas en Estados."

Quisiéramos saber cómo enfrentar una ciberguerra y estamos en la infancia del soldado. "Por ahora, actores de recursos limitados, de hecho poseen ya los medios para actuar más allá de sus capacidades y limitaciones materiales, y están en condiciones de golpear mucho más allá de sus horizontes" (Burgers y Romaniuk, 2016).

La guerra de la información, un subcampo de la ciberguerra, superpone mundos virtuales que corren y se mueven paralelos al mundo real. Por lo mismo, un nombre mucho más adecuado sería el de guerra de la desinformación. Desinformar, en nuestro esquema asimétrico, es mucho más barato que reordenar el mundo para que recupere sus colores originales por medio de la información corregida. Un esfuerzo enorme, sin duda. Esta es la razón, finalmente, que hay detrás del supuesto de que las guerras del futuro —es decir, de nuestro presente— serán casi exclusivamente económicas.

Pero no nos alejemos. La desinformación es un asunto que vale la pena que consideremos. Desinformar no es una acción que hubiese surgido con Internet. Internet no ha inventado nada —no lo olvidemos—, somos nosotros los que la inventamos a nuestra imagen y semejanza. Ella no es diferente, ella es idéntica a nosotros. Por lo mismo, no damos un salto al vacío si decimos que parte importante de la "criatura" se halla oculta a nuestro escrutinio. No la dominamos ni la conocemos. Algo similar ocurre con nosotros. La inmensa mayoría de nuestros procesos cerebrales se hallan ocultos y solo somos conscientes de una pequeña parte. Créalo o no, miramos el mundo no desde un balcón, sino desde una ranura. Con Internet no es diferente. Solo vemos una parte de ella y la parte que vemos es ínfima. Del resto sabemos muy poco. Y, como sucede con nuestro cerebro, escapa definitivamente a nuestro control, es difícil de rastrear y por lo tanto nos lleva una ventaja importante.

La triple configuración de la Web es como la triple configuración freudiana de la mente. Nuestro yo freudiano vendría a ser como la Web de superficie o visible, nuestro superyó la Web profunda, con todas sus restricciones y barreras; mientras que la Web oscura sería el ello, con toda su carga de fantasías perturbadoras reprimidas. Este esquema, hay que decirlo, es solo eso, un esquema. No pierda de vista el lector que esta diferenciación es en sí misma ilusoria: tanto la Web profunda como la oscura (y a su modo también la de superficie) son ilusiones. Esto es, tenemos la ilusión de que se trata de lugares ocultos en vez de ser realmente lugares ocultos.[27]

La figura siguiente nos muestra las tres capas de la "personalidad" insondable de la Web. Y tal como es de esperar, hay una que es visible, otra que es más profunda, pero de la que somos conscientes tal como lo somos de que mentimos cuando lo hacemos, y otra —una tercera— que es oscura y de la que poco o nada sabemos, pero que alberga en sus rincones incluso aquellos pensamientos o ideas que tememos siquiera considerar posibles.

27 Lo mismo pasa con cierta pornografía, que ofrece a las personas la ilusión de una perversión, no la perversión en sí.

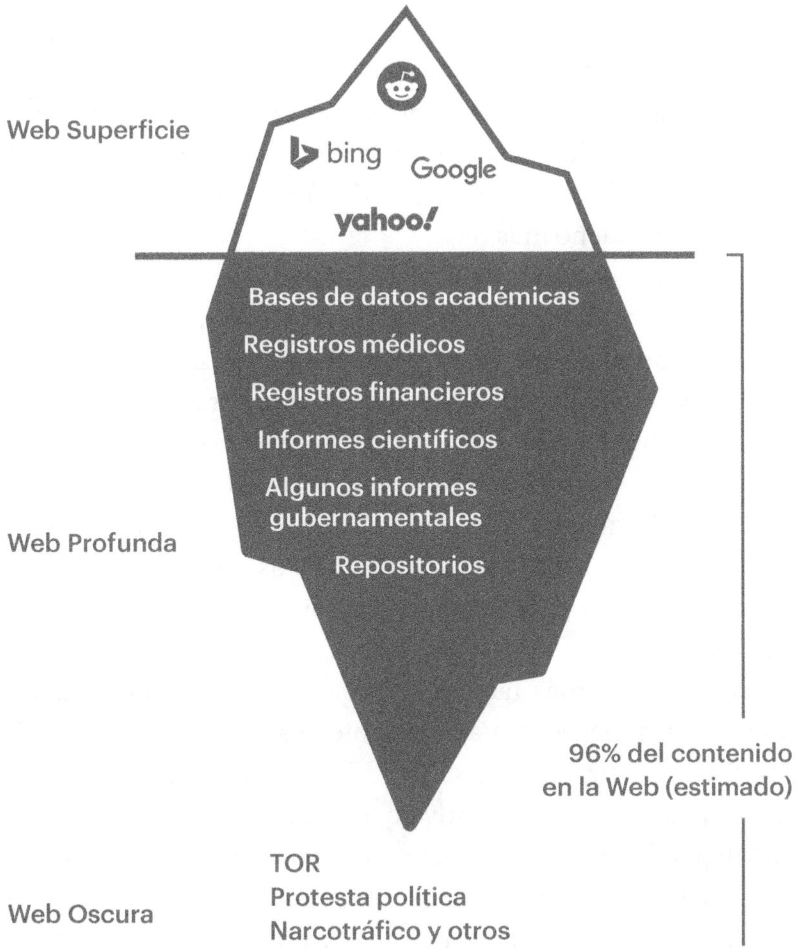


Figura 13. Las tres capas de la Web: de superficie o visible, profunda y oscura. La de superficie es abierta, la profunda es restringida, la oscura es desconocida y difícil de acceder (Vrijenhoek, 2017).

En orden descendente, la de superficie o visible es la capa a la que accedemos sin claves de ningún tipo. Ejemplo de ello son los buscadores, como Google o Yahoo. Enseguida, nos encontramos con la Web profunda, que es aquella a la que accedemos por medio de claves y contraseñas, como bases de datos académicas, registros o fichas médicas, papers científicos, medios a los que estamos suscritos, etc. La Web oscura, con sus canales de comunicación, como TOR,[28] es aquella que hace posible la organización de protestas políticas, el tráfico de drogas, las actividades ilegales (incluidos los asesinatos por encargo y otras cosas aún peores) y todo un inventario de asuntos inimaginables. En efecto, la Dark Web es como el sistema de cloacas de Ciudad Gótica, solo que esta, con la que convivimos, es mucho más real.

Lo que se puede hacer para prevenirlas es poco. Parte de los esfuerzos que se desarrollan para combatir la amenaza que nos aguarda en la sombra pasa por algo que veremos en el capítulo siguiente, que consiste en la legislación que actualmente se diseña para observar, detectar y perseguir al ciberdelincuente. Esta legislación no puede ser de carácter ni alcance local, pues ya hemos visto que una de las características de la amenaza cibernética es su deslocalización. Por lo tanto, las normas deberán funcionar sobre la base de acuerdos internacionales que permitan a la autoridad saltar cercas y fronteras cuando salga en busca del depredador.

Ciertamente es más fácil decirlo que hacerlo. El delincuente, por ahora al menos, posee ventaja: lo protege su propia víctima.[29] Es, una vez más, la asimetría y todo su largo inventario de estándares. La asimetría es la diferencia cualitativa que se genera entre modos de lucha que no dependen de la fuerza sino de las posibilidades de cada una de las partes en conflicto. Un delincuente posee un gran vestidor en el que conserva más de una prenda para cada ocasión. A su vez, el policía tiene solo una: su uniforme. ¿El resultado? Mientras el delincuente siempre puede ubicar al policía entre la muchedumbre, este nunca puede ubi-

28 TOR es el acrónimo (The Onion Router – El Router Cebolla) de un software de código abierto que permite a las personas comunicarse de forma anónima, esto es, de manera encriptada. Así, cualquier proveedor de servicios, como VTR o ENTEL, sabe que estoy utilizando TOR, lo que no puede saber es qué es lo que estoy conversando, transando o tramando. Pero no solo eso, ni siquiera puede saber desde dónde y hacia dónde estoy conversando. Según Wikipedia hay más de siete mil conmutadores operando en una red, lo que hace que su conversación sea imposible de rastrear.

29 Ya lo dice el refrán "Es más fácil engañar a alguien que convencerlo de que ha sido engañado". Asimetría por todos lados.

car al delincuente. La lucha es desigual. Y Batman, vestido de negro y con todos sus conflictos interiores de niñez e identidad, no está allí para defendernos. La única buena noticia que corre por la ciudad es que los delincuentes no son genios infalibles. Se equivocan y no suelen romper, como recomienda el saber popular, una sola regla a la vez. No tener reglas da ventajas, pero no siempre. De momento, entonces, digamos que ni ellos han ganado ni nosotros hemos perdido. Podemos permanecer tranquilos, pero eso no significa que podamos quedarnos quietos.

En esta guerra de los botones, no solo la paz está en juego, también lo está la realidad.

# IV. El que pierde gana

En la célebre novela de Graham Greene que da título a esta sección, un contador inglés, Bertram, viaja a Montecarlo para contraer matrimonio con su prometida, Cary. Todo va bien hasta que Bertram descubre el atractivo y el placer del juego y desarrolla un sistema que le permite ganar a lo grande. Para no aguar el final, digamos que Bertram se ve enfrentado a una disyuntiva, en apariencia, imposible de resolver: o seguir ganando dinero a espuertas y perder a su prometida o conservar a su prometida y perder todo ese dinero que ha ganado.

¿Qué relación guarda este trato con nuestro trabajo? Muy simple: mientras más cree el jugador dominar el juego —el *Game* de Alessandro Baricco—, más dominado lo tiene el juego a él. En algún momento el amo empezará a ser el esclavo. Cuándo, se preguntará usted. No lo sabemos. Normalmente, cuando lo descubrimos, suele ser demasiado tarde. Si no demasiado tarde para hallar una cura a la adicción, al menos demasiado tarde para deshacer lo que sea que hayamos hecho mientras la padecimos.

Pero hay otra consideración, más importante aún para nosotros: así como Bertram se enfrenta a la disyuntiva final en la novela, o su novia o el juego, con nosotros, usuarios de Internet, ocurre algo similar. Y la disyuntiva tiene que ver con la seguridad. Sabemos, hasta aquí, que Internet no es segura en un cien por ciento (nada lo es). Por lo tanto, para que sea todo lo segura que quisiéramos —esto es, aproximarnos a un ideal—, deberemos sacrificar algo que quisiéramos mantener al amparo de cualquier norma. Este algo es nuestra privacidad.

A continuación revisaremos las características de este juego al que, sin querer, fuimos invitados y que, querámoslo o no, no podemos dejar de jugar.

## La imposibilidad de escoger todos los números de la ruleta

No es posible escoger todos los números de la ruleta sin desechar, al mismo tiempo, la posibilidad de ganar. El que apuesta a todos los números hace ganar a la casa. De aquí entonces que para ganar sea necesario diseñar una estrategia. Si usted no tiene una estrategia, no solo reducirá sus probabilidades de ganar, sino que no sabrá cuándo parar y mucho menos qué hacer con el dinero que, eventualmente, gane.

Para eso sirve la estrategia, para saber de qué me sirven cada uno de los pequeños movimientos que realizo a diario. No es lo mismo tener que estar vivo para poder tomarnos un té por la tarde, que decir que la vida toda consiste en tomarnos ese té, esa misma tarde. La vida es más que esa tarde y ese té. Una pregunta que usted podría hacerse es: ¿en qué momento el vivir pasa a ser la vida?, ¿cuántos pequeños momentos hacen una vida? No es una pregunta sencilla. La teoría de la complejidad nos plantea problemas similares. ¿A partir de qué número de granos de arena podemos decir que tenemos un montón de arena? ¿Dos? No, dos no. ¿Cien mil? Sí, eso puede ser.[30]

Para el jugador de ruleta el problema se presenta de una manera más o menos similar. ¿Cuánto dinero debe ganar para saber cuándo retirarse? Y puede ser peor aún: ¿cuánto dinero debe perder para saber cuándo retirarse? Es seguro que su propia experiencia le señala que un grupo reducido de personas está dispuesto a perderlo todo con tal de ganar. La literatura nos entrega numerosos ejemplos. El de Bertram es uno de ellos. La mayoría de la gente jugará una cantidad de dinero acotada, la perderá y luego se irá a su casa.

Con los hackers y los crackers pasa lo mismo.

Muchas personas actúan como hackers con sus propias computadoras o dispositivos. Piense en la cantidad de veces que ha debido lidiar con su teléfono para lograr que algo suceda como usted quiere que suceda y no como su teléfono quiere que suceda. Desde tonos de llamada hasta fondos de pantalla, pasando por toda clase de regulaciones para que el teléfono no lo moleste nunca o nunca deje de molestarlo. Un hacker hace eso con su computadora. Se encierra a trabajar, no solo para so-

30 Cien mil granos de arena es un "montoncito", algo muchísimo más pequeño de lo que nuestro lector imagina. En una botella de un litro, caben 37 millones de granos de arena.

lucionar un problema sino que muchas veces para solucionar problemas que él mismo se plantea. El primer paso lo hemos dado todos alguna vez, el segundo y el tercero, y todos los demás, muy pocos de nosotros. Los pocos que han dado esos pasos subsecuentes son los héroes de la informática. No se trata de un pasatiempo, se trata del tiempo que transcurre sin que lo notemos. Son horas, días, años. Muchos años. Y a veces es toda la vida. Ya lo dice el refrán: "Una vez víctima, siempre víctima".[31]

Como sea, el hacker busca resolver imposibles, pues como ocurre con el juego o con la arena, no siempre sabemos cuándo debemos retirarnos o cuándo no hay solución para lo que creemos que sí la tiene. Su trabajo, entonces, tiene algo de heroico y de épico. Se entrega a él con plena incerteza sobre el resultado final.

El cracker es otra historia. Su principio más básico es extremadamente elemental: no existe lo absolutamente seguro. Esta es su certeza. Antes de empezar, ya la tiene. El hacker no. Sin embargo, la certeza del cracker también está limitada a lo que desea hacer, esto es, sabe lo que desea pero no puede saber qué efectos tendrá para él o para otros lo que sea que haga. El caso de Kevin Mitnick es ilustrativo en este sentido, porque él buscaba entrometerse en sitios prohibidos por mera curiosidad. No sabía de los efectos catastróficos que todo ello podría acarrearle. Los efectos ocasionados a las instituciones y empresas que atacó fueron menores. Lo que más causó fue molestia. Mucha molestia. Pero padecer y convalecer de una molestia toma tiempo. Y el tiempo cobra dinero, sobre todo cuando hay que ponerse a tratar de entender y estimar el daño y a encontrar, donde quiera que esté, a quien lo hubiese causado. Nada fácil. Una vulnerabilidad en un sistema operativo, por ejemplo, en el que se han invertido años de investigación y muchísimo dinero, es algo más que una anécdota o un juego. Podía ser un juego para Mitnick, pero no para las empresas afectadas, por ejemplo, en el caso de las empresas que administraban tarjetas de crédito. Mitnick no pretendía robarlas, aun así:

31 "Una vez víctima, siempre víctima", escribió Thomas Hardy en *Tess de los d'Urbervilles*, en una tradición que no deja de explorar la invisible frontera entre la zona blanca y la gris.

> Siempre me pareció extraño que mis captores se complicaran tanto al tener que entender la profunda satisfacción que puede derivarse de un juego de destreza. Algunas veces, no podía evitar preguntarme si mis motivos les parecían incomprensibles porque ellos mismos habrían encontrado irresistible la tentación [de usar] todas esas tarjetas de crédito (Mitnick y Simon, 2011).

Pero hay algo más. Mitnick no sabía hasta qué punto se había internado en la selva de la ley (sí, en ese orden). No solo debió pasar largos periodos incomunicado en aislamiento total, también debió exponerse a la posibilidad de que un tribunal que no entendía del todo el o los delitos que había cometido, lo condenara a siglos de cárcel; arriesgaba penas de hasta 460 años. "Lucía mal para mí: 460 años no eran ningún paseo por el parque... ¿No quedaban acaso por ahí algunos criminales de guerra sueltos?" (Mitnick y Simon, 2011).

Por aquel tiempo, 1995, muy pocos entendían muy bien qué era un hacker, mucho menos un cracker. La confusión era total. Jueces, agentes de seguridad, policías, periodistas, nadie sabía muy bien qué significaba todo aquello. Pero nada detiene a un curioso irreprimible. Como tampoco nada detiene al que no puede dejar de jugar a la ruleta o al que encuentra satisfacción en descomponer, complicar o destruir las vidas de otros. (La expresión "nuestra fe en la bondad de la especie humana" barre bajo la alfombra un hecho incontrovertible: los seres humanos no son, a la larga, ni buenos ni malos, solo hacen lo que mejor les conviene. Por lo tanto, Internet nunca podrá ser como esos lugares en que las personas dejan las puertas de sus casas sin llave en la cerradura o el automóvil sin seguro en las puertas. Internet es como el mundo, un lugar perfectamente inseguro).

En pocas palabras, no hay Internet sin bandidos, tal como no es posible nadar sin mojarse.

Lo que nos lleva al segundo punto. Para estar menos inseguros —para que Bertram se decida por Cory y no por la ruleta—, debemos estar dispuestos a perder algo en el juego: nuestra privacidad.

## Perder para ganar

En Chile existe una ley que protege nuestros datos. Para hacerlo, amenaza al eventual transgresor con sanciones que ella misma define. Es una ley antigua, de fecha 7 de junio de 1993, que tipifica figuras penales relativas a la informática. Tiene una sola página y cuatro artículos que sindican: 1) al que destruya o inutilice un sistema informático, 2) al que haga uso indebido de la información, 3) al que altere los datos y 4) al que difunda datos contenidos en un sistema de información.

En 1993, año en que se promulgó la ley, la existencia de Internet en Chile era casi nula. Recién el año 2000 el porcentaje de la población conectado a Internet se aproximaba al diez por ciento. En la actualidad, más del 80% de los hogares de Chile tiene acceso a Internet (Data World Bank, 2019). Actualmente, el Índice Global de Conectividad de Huawei posiciona a Chile por cuarto año consecutivo como el país más conectado de América Latina, ocupando el lugar 33 en el mundo (Web Find You, 2019). En consecuencia, la ley corresponde a una época y a un tiempo largamente superado.

En consecuencia, en 2018 el gobierno dio inicio al trámite de una agenda legislativa orientada a incrementar los niveles de seguridad informática en el país. Entre algunos de los aspectos que la nueva normativa abarcará, se incluyen:

- Exigencias de ciberseguridad para el mercado financiero.
- Protección de datos personales.
- Tipificación de nuevos delitos, con mejora procesal.
- Definiciones y responsabilidades sobre ciberseguridad en una ley marco que crea, además, centros de respuesta ante incidencias o emergencias informáticas, tanto en los sectores público como privado.
- Registro de teléfonos de prepago, orientado a disminuir el fraude en portabilidad.
- Definición de infraestructura crítica.

El propósito, según lo señalado por el Ministerio del Interior y Seguridad Pública, busca establecer lineamientos generales, contar con un ciberespacio abierto, seguro y resiliente; establecer cinco ejes estratégicos, a saber, infraestructura, legislación, difusión, colaboración internacional y desarrollo de la industria. Asimismo, se promueve la dictación de un conjunto de leyes, como las ya referidas y un modelo de gobernanza que determine las relaciones interministeriales y el rol que cumplirá cada organismo en la implementación de las funciones específicas que fije la normativa al momento de promulgarse (Ministerio del Interior, 2018).

En todas estas iniciativas legislativas, la privacidad estará en juego puesto que no es posible proteger a las personas o entidades si estas no admiten la intromisión de la autoridad cuando ella anda en busca de un agresor social. La discusión, o parte de la misma, se dará en este plano.

Cabe hacer mención en este apartado al Convenio de Budapest. Dicho acuerdo es un instrumento, único en su tipo, de carácter vinculante y de alcance internacional. Recuerde el lector que una de las características del cibercrimen es su deslocalización y, por lo tanto, lo que ocurre aquí puede haberse originado allá y ese allá pertenecer a un lugar que no es este, el propio del país. Con el convenio, entonces, la comunidad internacional se protege de las amenazas con una capacidad equivalente a la que despliegan los agresores, es decir, colaborando de manera efectiva al combate de este flagelo que circula por las redes. Como no es posible encarar el problema por separado y como la única manera de hacerlo es comunitariamente, el convenio eleva el nivel de la respuesta hasta ponerla a la altura de la amenaza. Para ello, se ha propuesto servir de guía para los países miembros que se hayan fijado como meta actualizar su legislación —como Chile—, elaborando a la vez un marco de colaboración internacional que sirva a los distintos países firmantes.

Los orígenes de la convención se remontan al año 2001 y sigue siendo, el acuerdo internacional más relevante en estas materias.

Figura 14. Sesión plenaria del comité de la convención del cibercrimen, mayo 2016. Fuente: Council of Europe (Global Forum on Cyber Expertise, 2016).

Desde la perspectiva jurídica, la convención es un tratado de justicia criminal que provee a los Estados signatarios de aspectos tales como: 1) la criminalización de un listado de ataques contra y por medio de computadores, 2) distintas herramientas de procedimientos legales para realizar las investigaciones correspondientes de manera efectiva y 3) la cooperación internacional de tipo policial y judicial en relación al cibercrimen y a la e-evidencia (o evidencia electrónica criminal) (Global Forum on Cyber Expertise, 2016).

Actualmente, son 67 los Estados firmantes del convenio y su foco inicial (2001), que se centraba en infracciones a los derechos de autor, fraudes computacionales, pornografía infantil y violaciones a la seguridad en las redes, hoy se extiende a aspectos como la xenofobia y el racismo. "A medida que las tecnologías y el panorama de amenazas evoluciona, tanto las propuestas sobre e-evidencia como los protocolos de la Convención necesitan llegar a ser resistentes al futuro" (Council of Europe, 2019). Este último aspecto no deja de ser relevante, pues las amenazas se movilizan y cambian más rápido que los tratados, las leyes o las normas destinados a combatirlas.

Ahora bien, es importante que el lector recuerde que los cibercriminales, como ocurre con los criminales en el mundo real, se ocultan y mezclan con la multitud para evitar ser capturados. Esto hace que cada aparato electrónico conectado a Internet sea un refugio, al menos de manera eventual. Y esta, entonces, es la razón de que los organismos de seguridad, en su pretensión de alcanzar al cibercriminal, deban inmiscuirse en el mundo privado de cada persona. Pero, ¿es así realmente, pueden hacerlo?

A comienzos de este año, la Comisión de Seguridad Pública del Congreso evacuó un informe en el que se hacía ver que la política de ciberseguridad buscaba, en conjunto, "permitir el uso de técnicas de investigación —mediando autorización judicial— cuando existan sospechas fundadas de la participación de asociaciones ilícitas o agrupaciones de dos o más personas que cometan alguno de los delitos descritos en la ley (agentes encubiertos, informantes, entregas vigiladas y controladas e interceptación de comunicaciones), y establecer una regla especial de comiso vinculada con los instrumentos del delito informático", lo cual implica que los procedimientos incluyen esta clase de invasiones a la privacidad de las personas, ya sea por el acceso del persecutor a datos de empresas, bancos, instituciones financieras, seguros, u otras, con lo cual la privacidad de las personas quedará expuesta (Pública, 2019).

Hay consenso, señala el mismo documento, en que "todos los mecanismos que se proponen para preservar la privacidad son susceptibles de ser utilizados para ocultar información". Lo que es brutalmente cierto. Ya lo hemos dicho: el cibercriminal se ocultará o recurrirá a cuentas o dispositivos ajenos con tal de hacerse invisible a la pesquisa. El problema es que no se puede determinar hasta qué punto será posible garantizar la seguridad de una determinada comunidad sin, al mismo tiempo, vulnerar el derecho de las personas a mantener sus datos personales en forma privada. Pensamos que no será factible garantizar este derecho de manera absoluta. La estabilidad de los sistemas depende de la confianza y esta depende —en no menor medida— de la seguridad de los mismos. Y la seguridad, por consiguiente, va a depender del acceso a componentes privados. Sin ello, la seguridad queda invalidada.

Y esta es, en definitiva, la parte en que se pierde para poder ganar: nuestros datos estarán expuestos por el mero hecho de circular en el espacio multidimensional de los sistemas informáticos, que es el espacio donde la seguridad deberá operar. Usted, como decíamos al comienzo del trabajo, no solo es usted aquí y ahora, usted es usted en muchos lugares al mismo tiempo. Y en todos esos lugares se hallará vulnerable a la inspección de alguna autoridad local, o a la acción de un ciberdelincuente que, sin conocerlo, por cierto, lo haya escogido como refugio o víctima, o ambas cosas a la vez.

Veamos a continuación algunas cifras sobre Chile (Gobierno de Chile, 2018):

- El 82,9% de los accesos a Internet en el país corresponden a teléfonos celulares.
- El desarrollo digital alcanza al 65,71%, mientras que el desarrollo en ciberseguridad solo llega al 38,96%, lo que arroja una brecha equivalente al 26,75%.
- Los ciberdelitos crecieron en un 74% entre 2016 y 2017.
- El gasto en ciberseguridad totalizó 195,7 millones de dólares en 2017, lo que representó un incremento del 4,1% respecto del año anterior.
- Pese a lo anterior, el gasto en ciberseguridad respecto del PIB es el 0,07%, quedando por debajo del 0,12% correspondiente al promedio mundial.

En cuanto a infraestructura crítica (IC), la política de ciberseguridad la define como aquel conjunto de instalaciones, sistemas o partes de sistemas, que son esenciales para el funcionamiento de los mecanismos sociales básicos y cuya perturbación o destrucción afectaría gravemente la salud, la integridad física, la seguridad y el bienestar social y económico de la población (Gobierno de Chile, 2018). Ya puede el lector ir adivinando de qué se trata. Aquí incorporamos un listado por áreas:

- Agua
- Telecomunicaciones
- Transporte
- Servicios financieros
- Defensa
- Energía
- Seguridad pública
- Salud
- Administración pública
- Protección civil
- Espacio

Cada una de ellas puede instanciarse en alguna institución o agencia a la que habitualmente las personas recurren. Lo importante es hacer notar, en primer lugar, que un bloqueo, ya sea total o parcial, de cualquiera de ellas significaría una catástrofe para el país o una parte de él. Recordemos que la IC agrupa dos grandes conjuntos: el de hardware o de infraestructura física y el de software o de infraestructura crítica de información (ICI).

No está de más señalar que ninguna de estas funciones ha dejado de ser atacada en algún momento en los últimos años en el mundo. Todas son vulnerables o, si usted lo prefiere, ninguna es invulnerable. Sin ir más lejos, en abril de 2019, la BBC informaba en una nota digital que el Instituto Ponemon, que se especializa en ciberseguridad, realizó una encuesta anónima que se aplicó a más de 700 encargados de seguridad en los Estados Unidos, Alemania, Australia, México y Japón, y que trabajan precisamente en la protección de infraestructura crítica. Los resultados arrojaron que en nueve de cada diez casos, las organizaciones para las que ellos trabajaban habían sido dañadas por ciberataques exitosos en los últimos dos años (Simmons, 2019). Creemos —señalaba uno de los encuestados— que la razón detrás de estos ataques es la creciente conectividad de los sistemas de control industrial. En muchos casos —añadía otro— las organizaciones ni siquiera saben qué es lo que se encuentra conectado a Internet y qué es lo que puede ser vulnerado por hackers.

La historia es simple y vamos a reiterarla aquí: la mayor facilidad que otorgan las redes informáticas asociadas a sistemas, crece con la misma tasa que las hace vulnerables. Para comprenderlo, el lector solo debe recordar algo de lo que hemos señalado antes y es que las redes no funcionan aisladamente sino en conexión con otras. Para que una red resulte invulnerable, en la práctica, debiera hallarse completamente aislada. Tal es el caso de los silos de misiles balísticos intercontinentales. Pero eso es un extremo. Las redes se conectan unas a otras igual que los seres vivos. Por lo mismo, pensar en aislar un sistema del resto del mundo es como pensar en una quimera. Las mismas redes internas, las llamadas intranets, no se hallan aisladas, solo se trata de sistemas cerrados y, por lo tanto, intercambian información con el medio. Siempre habrá un punto —que puede tener, para decirlo metafóricamente, el ancho de un cabello— en el que una red cerrada se toque con el resto de las redes de Internet para que resulte vulnerable. De paso, el proveedor de su intranet es el mismo que provee —a usted o a otros— de servicios de Internet. En alguna parte, ambas redes se van a tocar. Y no importa si el contacto tiene el ancho de un cabello o que su duración sea mucho menor que un segundo.

El secreto se esconde, precisamente, en la naturaleza de las redes. Toda la vida tiene que ver con las redes. Su sistema circulatorio y las autopistas son redes, igual que las conexiones telefónicas, las conexiones eléctricas, las de agua y las de gas. Y todas ellas se tocan o relacionan en dependencia mutua. Ni siquiera es posible "pensar" si no hay una red que movilice o haga posible el pensamiento, mucho menos vivir. El problema, para llamarlo de alguna manera, tiene que ver con el diseño del mundo. Este obedece a una estructura de red y las redes están en contacto unas con otras. Resulta sorprendente cuando lo pensamos. "Es impresionante la semejanza que se da entre ciudades, compañías, tumores, el funcionamiento de nuestros cuerpos, y cómo cada uno de ellos representa la variación de un tema general que pone de manifiesto regularidades y semejanzas sorprendentemente sistemáticas en su organización, estructura y dinámica... Una característica común entre todos ellos [ciudades, compañías, tumores] es que son en extremo complejos y que están compuestos de números enormes de componentes individuales, ya se trate de moléculas, células o personas, conectadas, interactuando, y evolucionando por medio de estructuras en red...” (West, 2017).

Por lo tanto, el hecho de que se infecten cámaras de seguridad de Washington D.C., dos días antes de asumir Donald Trump con ransomware preparados por hackers rumanos, nos habla precisamente de redes (Gobierno de Chile, 2018). Las cámaras de video se hallan conectadas a redes computacionales, lo que permite que la policía pueda monitorear todo lo que esté pasando en las calles en tiempo real y conservar también esa información en servidores, de modo de poder recurrir a ella en cualquier momento. En otras palabras, todo eso está en red. Y si está en red, es vulnerable.

Otra consideración a propósito de las redes es su carácter elusivo, lo que en buenas cuentas viene a significar que creemos entenderlas mucho mejor de lo que realmente las entendemos. Dicho de otro modo, no las entendemos, por lo tanto, las explicamos como si las entendiéramos. Esta actitud, que es tan humana como quepa imaginar, es un rasgo definitorio de nuestra condición. Somos buenos buscando las causas o las estructuras subyacentes de determinados fenómenos. Pero no somos muy buenos cuando se trata de decir que no entendemos nada. La explicación es más rápida que la duda. Y esta condición que regula nuestra vida, nos hace indiferentes —peligrosamente indiferentes— al hecho de que somos como la pieza del rompecabezas que participa del todo, pero que nunca puede verlo por completo. Tomemos, para terminar esta sección, un ejemplo de la historia.

> En la primavera de 1968, solo meses antes de que se le ofreciera el cargo de asesor de seguridad nacional, [Henry] Kissinger se atrevió a sostener que no había nada “parecido a una política exterior norteamericana”, solo “una serie de movidas que han producido un cierto resultado”, que nadie “había planificado para que se produjera” y para el cual “las organizaciones de investigación y de inteligencia, ya fueran nacionales o extranjeras, intentan otorgar una racionalidad y consistencia... que ciertamente no poseen” (Ferguson, 2017).

Una de las características de Internet es su carácter abierto (Castells, 2001). Tal como señalábamos al comienzo del libro, la idea surgió para solucionar el problema de que los sistemas de mando y control norteamericanos quedaran aislados por una eventual guerra nuclear. Una de las pistas, decíamos, en las que aguardaba la solución al problema, eran las redes de tendido telefónico a través de las cuales la señal (la llamada) se mueve buscando la ruta más corta, aunque en ocasiones resulte ser la más larga. Ello solo era posible si se trabajaba sobre una red. Así funciona nuestro organismo y toda la biosfera. Lo mismo pasa con las autopistas, ya sean urbanas o locales. Todas se hallan conectadas, de modo que si usted no puede llegar al trabajo por una ruta podrá escoger otra.

> Las realidades biológicas, humanas y organizacionales, se encuentran entramadas (networked). Los ambientes complejos están entramados. Los computadores están entramados. Las epidemias son redes. Los negocios funcionan en red. El pensamiento y el razonamiento se mueven por redes neuronales. La política se halla entramada. La cultura y las relaciones sociales, también. Su propia red constituye su valor neto.[32]
>
> Sin embargo, el público en general todavía sigue sin hablar el idioma de las redes (Rafaeli, 2018).

A pesar de los miles de millones de dólares que se invierten en ciberseguridad —escribía Manuel Castells en 2001—, "está claro que la seguridad global de una red es tan buena como la seguridad particular de su eslabón más débil" y ese suele ser el hombre mismo, el usuario, alguien como usted o como nosotros.

La inversión en ciberseguridad, o mejor dicho, los diseños, deben tomar en cuenta este factor: el humano. Tarde o temprano el sistema de que se trate, el que sea, será penetrado por un cracker. Este podrá mirar y salir. O podrá mirar y guardar allí algunas pertenencias. O podrá robar información. O podrá afectar la operación de algunos sistemas críticos o periféricos. O podrá programar una falla, un corte de luz, un corte de

32 Juego de palabras intraducible: "Your network is your net worth".

agua, la emisión de boletas y facturas, de órdenes médicas, de listas de atención al público. En todos estos casos, sabremos siempre que tarde o temprano ocurrirá. El punto es, qué haremos cuando ocurra. ¿Será posible pasar al modo manual? ¿Regresar, digamos, a 1970? Entre algunas de las sugerencias que más se proponen, suelen encontrarse las siguientes:

- Asuma que los ataques ocurrirán. Prepárese con el personal adecuado, los procesos y la tecnología, para sufrir daños de largo plazo.
- Comprenda que el ataque puede no detenerse. Muchas organizaciones o empresas son atacadas varias veces al año.
- Considere implementar resguardos contra fallos humanos. Un ataque puede tener lugar porque un empleado hace clic en un e-mail con instrucciones de phishing.
- Comparta inteligencia con organizaciones similares a la suya. Los organismos encargados de la ciberseguridad en el país cuentan a menudo con foros en los que se intercambia información relativa a los ataques, especialmente a los más recientes.
- Cuando construya sus sistemas, tenga siempre en mente la seguridad.
- Ponga a prueba sus redes en forma periódica.
- Procure comprender el tipo de amenazas a las que se halla expuesta su organización o empresa.

Todas estas son precauciones mínimas. Importa que la IC o la ICI incorporen al diseño original los principios del diseño basado en seguridad. Se trata de dos aspectos: el diseño mismo del objeto (un blog o un foro de Internet o un banco o una casa de apuestas) y la seguridad informática con que se lo protegerá (Owasp, 2016). El diseño, por lo tanto, deberá incluir:

- Aspectos relativos al posible atacante.
- La tríada de pilares centrales de la seguridad de la información: confidencialidad, integridad, disponibilidad.

- La arquitectura de seguridad, cuyo nivel de detalle y acuciosidad equivalen a los túneles de viento o al análisis de elemento finito con que se construye un puente. Debe abarcar, en consecuencia, todo un amplio abanico de situaciones, desde riesgos asociados al uso, hasta ataques informáticos extremos.

La primera forma de protección, escribe Brendan Buhler, a quien citamos al comienzo de este libro, es la más básica que quepa imaginar y consiste sencillamente en existir. Para darse a entender, propone pensar en un edificio de apartamentos que habitamos como si fuésemos microbios. Y lo que hacemos es crear una alianza con el edificio mismo. Este constituye, con todo lo que trae, nuestro sistema inmune. Nosotros somos sus bacterias. Y es esta la unidad, bacterias-sistema inmune, la que enfrenta al patógeno. Todo consiste en hacerle a este último la vida no solo difícil, sino imposible. De eso se trata. Por lo mismo, la negación o la indiferencia no servirán de nada. Es un hecho que seremos atacados, y este supuesto básico constituye la primera barrera de protección, la que no puede faltar en modo alguno.

Pero hay algo que no podemos olvidar: los patógenos no se irán. La sociedad humana es parte del medio natural y los produce por sí sola. Por lo tanto, vale la pena que tomemos en cuenta esta condición. No acabaremos con ellos, tal como es cierto que tampoco ellos acabarán con nosotros.

No lo olvide, ellos son una parte de nosotros. La evolución se vale de la diversidad para escapar de las garras de la adversidad, por lo tanto produce y seguirá produciendo por cada Peter Pan un Capitán Hook.

La Web es imprevisible, luego Internet también lo es. No sabemos qué forma irá a adquirir este superorganismo que hemos creado. Somos su microbiota, incluso para decirlo de una manera menos elegante, sus parásitos. Ni ella puede vivir sin nosotros ni nosotros sin ella. Salvo que... salvo que nos deshagamos de ella y...

Un principio elemental dice que no echamos de menos las cosas que no conocemos. Lo contrario, por supuesto, no es cierto. La amenaza de que acabemos añorando finalmente a la "criatura", en todo caso, es real.

La frase de Albert Einstein acerca de que la cuarta guerra mundial la pelearíamos con piedras y palos, con independencia de cómo fuera la tercera, nos dice que el regreso a la barbarie también tiene un camino, letreros indicadores y plazas de peaje.

¿Sabremos leer las señales? Quizá cuando lo sepamos ya sea demasiado tarde. Por lo pronto, no nos apresuremos y pensemos en la humanidad como en una aventura, esto es, del modo como lo propuso el historiador Arnold Toynbee. Una aventura que implica vivir mejor en un medio que no es solidario sino hostil, agresivo, peligroso. No sabemos lo que sea vivir mejor, dicho sea de paso. Pero de cara a lo que sea que experimentemos como una vida mejor, nuestro libro propone una y solo una enseñanza radical, y esta es que si algo mejora en nuestras vidas, deberemos protegerlo a como dé lugar.

No hay almuerzos gratis.

# Conclusión: Eclipsados por la luna

> Pienso que el cerebro es como un programa... de modo que es teóricamente posible copiar el cerebro en un computador, para proveerlo así de alguna forma de vida después de la muerte.
>
> STEPHEN HAWKING[33]

La criatura vive con nosotros. La llevamos a todos lados y ella nos lleva también. Nos protege, la protegemos. Nos agrede y nos defendemos o aprendemos a defendernos de ella. No es inerte, está viva. Cuando usted ya no esté aquí, una parte de usted seguirá circulando por ella como si nunca se hubiese ido. Sus últimos mensajes, sus posteos, sus comentarios, sus carcajadas, sus lamentos. En todas partes habrá personas que los lean, ignorantes por completo de que usted ya no está aquí. Y cuando todo acabe, cuando finalmente el género humano se extinga y libere al planeta de su carga —no de su peso—, entonces, en los últimos servidores, en los últimos discos duros, en las últimas tarjetas de memoria, el visitante espacial de que siempre se habla en los experimentos mentales, tendrá una experiencia *à la* McLuhan. Y se preguntará "quiénes eran estos que vemos aquí". Levantará la vista y mirará alrededor. Saldrá a las avenidas tapizadas de helechos, recorrerá edificios todavía en pie, senderos cubiertos de moho y detrito, y no verá nada parecido a nosotros, los humanos. Quizá una estatua de hierro fundido que todavía resiste, torcida y a medio caer, le servirá de pista.

Y el medio será el mensaje.

La criatura será revivida. Y el viajero espacial podrá rastrear nuestro pasado. Lo único que nunca muere.[34] Mas por ahora, ¿qué cosas irá a ver? No lo sabemos. Lo que sí sabemos es que Internet será un cadáver en teoría resucitable. Nosotros creamos a la criatura y la hicimos inmor-

33 Citado por Susan Schneider en *Artificial You*, 2019.

34 El pasado es información. Y si el planeta es finalmente absorbido por un agujero negro, el pasado eventualmente morirá en él. ¿Ni siquiera ese consuelo nos concederá el universo?

tal. El viajero espacial, en ese momento, soltará una carcajada. En ese instante, en algún otro lugar, un servidor igualmente revivido absorberá su risa y, siguiendo una rutina largamente aprendida, disparará miles de posibilidades para él. Y en la pantalla de esa última interfaz, el viajero verá lugares que ya no existen, productos que ya no se venden, créditos que ya nadie necesita. O una plancha. Una patineta. Un secador de pelo.

Sí, la criatura podrá revivir, nosotros no.

¿O sí?

Nuestros cerebros, escribe Susan Schneider en *Artificial You*, evolucionaron para ambientes específicos y están fuertemente limitados por la anatomía y la evolución. Sin embargo, agrega, la inteligencia artificial (AI, por sus siglas en inglés) ha abierto un vasto espacio de diseño. La nueva empresa, entonces, consistirá en el diseño de mentes. "El diseño de mentes es una forma de diseño inteligente, pero [en este caso] nosotros los humanos, no Dios, somos los diseñadores" (2019). ¿Será posible, en teoría al menos, conservar nuestras mentes en un servidor a la espera de ser resucitadas? ¿Necesitamos un cuerpo para eso? Y si todo nuestro yo está solo contenido en los meandros cerebrales, ¿será posible leerlo y decodificarlo para cargarlo en una tarjeta de memoria?

Y si usted es "subido" a cierta nube donde quedará almacenado por milenios, mientras el planeta exista, usted no habrá muerto, pues si usted es su mente y su mente es un software, en fin, usted se hallará a salvo de la extinción definitiva. Su ausencia, en este caso, será como la del sol cuando es eclipsado por la luna: un instante de oscuridad al que seguirá otro de abundante claridad.

Aun así hay un problema: si usted es un software —aunque solo lo sea en teoría— eventualmente podría ser duplicado (los softwares lo son todo el tiempo). Por lo tanto, si de usted hay dos versiones o trescientas si lo prefiere, ¿cuál de todas ellas sería usted?

Claro, ninguna.

O todas.

Técnicamente, sin embargo, los problemas para hacer que esto llegue a ser posible no son pocos. No vamos a hablar de ello aquí. Lo importante es que el tema se encuentra instalado en las mentes más audaces de nuestro tiempo, tecnológicamente hablando. Los problemas que el desafío plantea superan con mucho lo meramente técnico. Ni siquiera sabemos exactamente lo que es la conciencia todavía, por lo tanto, aunque el taller tenga todas sus herramientas en orden y no le falte un solo perno y ni una sola tuerca, seguirá echando de menos al mecánico. ¿Es así?

La pregunta tiene de cabeza a una parte importante de la industria. Mientras tanto, los aparatos siguen metiéndose en nuestras vidas, hasta el extremo de que es un fastidio tener que cargarlos y preocuparse de llevarlos. ¿Por qué no incorporarlos en nuestra biología de una sola vez? Si ya están en nuestras vidas, ¿por qué no en nuestra anatomía? Sería un fastidio menos.

Por lo pronto, nos escuchan, nos siguen, conocen nuestras preferencias, nuestros gustos, nuestros temores, nuestros pecados. Y según eso se levantan con nosotros temprano en la mañana. En efecto, con nosotros, pues saben a qué hora nos levantamos, a dónde vamos, a dónde iremos incluso, con una probabilidad más alta que la que les asignamos. Esos aparatos saben más acerca de nosotros que nosotros mismos. Y lo saben con precisión infinita. Infinita comparada con la precisión nuestra.

Por ahora, ellos —sus aparatos— le preguntan si desea usted ser seguido por él.

—¿Quién?

—Él.

—Quién es él, ¿mi teléfono?

No. Su teléfono —para que nos entendamos— no es su teléfono. Su teléfono es como un hilo de red, un tramo de ese hilo, esto es, ni siquiera el extremo, sino algo que usted ve de algo que no se ve.[35] Su teléfono es un extremo solo si usted lo mira de manera local. Pero incluso visto de manera local, su teléfono no es el último extremo. El último extremo de su teléfono (o de su laptop, o de su tablet) no es el aparato en sí, es su mente. Sí, tal cual, su mente humana. Su tesoro más preciado, el lugar

35 Dicen de Leonardo da Vinci que para comprobar que el río fluía, arrojaba semillas a la corriente. Al seguir su movimiento, al ver que se movían en ciertas direcciones, comprobaba el supuesto de que de verdad lo hacía.

geométrico de todos sus secretos. El lugar desde el cual usted lo controla todo. Porque usted lo controla todo allí dentro, ¿verdad?

Como sea, hay un paso todavía, un paso que no hemos terminado de dar y es el que incorpora su teléfono de manera definitiva a su vida. Si usted arroja el teléfono al cubo de la basura (algo que no le recomendamos que haga), puede conseguir deshacerse de él. Pero en el futuro, creemos, ello será un poco más complicado.

Digamos que el futuro es una expresión que nos libera de decir cuándo. Lo cierto es que no lo sabemos con certeza, pero todo indica que esto va a pasar tarde o temprano: la tecnología no vivirá solo con nosotros, sino que en nosotros. Es la idea que subyace al transhumanismo. El transhumanismo "no es una ideología monolítica, pero sí posee una declaración y una organización. La World Transhumanist Association es una organización internacional sin fines de lucro, fundada en 1998 por los filósofos David Pearce y Nick Bostrom" (Schneider, 2019). En parte de sus estatutos se lee:

> La humanidad será cambiada radicalmente por la tecnología en el futuro. Avizoramos la factibilidad de rediseñar la condición humana, incluyendo parámetros tales como la inevitabilidad del envejecimiento, las limitaciones de los intelectos humanos y artificiales, de una psicología no escogida, del sufrimiento, y de nuestro confinamiento al planeta Tierra.[36]

Más adelante agrega que "sería trágico si los beneficios potenciales [que traería consigo el uso de la tecnología] dejaran de materializarse por efecto de la tecnofobia y de prohibiciones innecesarias".[37]

Por otra parte, en *21 Lecciones para el siglo XXI*, Yuval Noah Harari postula que "En el siglo que viene, la biotecnología y la infotecnología nos proporcionarán el poder para manipular nuestro mundo interior y remodelarnos, pero debido a que no comprendemos la complejidad de

36 Tomado del sitio de la organización transhumanista, Humanity+. (https://humanityplus.org/.) En Schneider, ob. cit.; p. 151.

37 Ibídem.

nuestra propia mente, los cambios que hagamos podrían alterar nuestro sistema mental hasta tal extremo que también este podría descomponerse". Y agrega: "Las revoluciones en la biotecnología y la infotecnología las llevan a cabo los ingenieros, los emprendedores y los científicos, que apenas son conscientes de las implicaciones políticas de sus decisiones, y que ciertamente no representan a nadie. ¿Pueden los parlamentos y los partidos tomar las riendas?" (Harari, 2018).

No conocemos la respuesta, pero sí aventuraremos algunos finales o trayectorias posibles. La primera tiene que ver con la integración de máquinas y hombres a una escala imposible de predecir. Lo que sea que suceda, tendrá la forma o el perfil de una fusión en que una parte será usted y la otra inteligencia artificial. Vistos desde fuera, no habrá modo de advertirlo. Pero más allá de eso, lo importante es que habrá componentes en usted sin los cuales usted sería solo usted, es decir, tecnológicamente, un usted inferior.

Otro final posible es uno en que el humano+ (humano más) no sea posible y que debamos conformarnos con el animal de carne y hueso al que nos hemos habituado y que seguirá siendo el protagonista de la historia, es decir, sin microchips en el hígado.

Un tercero, es el de la intervención y la prohibición, en la que el futuro se halle enteramente sometido a las regulaciones de los tecnófobos. El miedo a lo que pudiera pasar con la fusión podría llevar a los Estados del futuro a prohibir hasta la posibilidad de probar el chip del control de impulso. Y, con ello, sin duda, nuestra vida se parecerá mucho a la de ahora. O, quién sabe, a la de antes de ahora.

De momento, solo le podemos asegurar que apretando este botón (⏻) el libro que ahora mismo tiene ante sus ojos no desaparecerá.

# Bibliografía


ABC. (24 de abril de 2013). Wall Street se desploma por la noticia de un falso atentado sobre Obama. Obtenido de https://www.abc.es/economia/20130423/abci-falso-atentado-obama-201304231944.html

avast. (30 de septiembre de 2019). Obtenido de avast https://www.avast.com/c-malware

Baricco, A. (2019). *The Game*. Barcelona: Anagrama.

Barría, C., Cordero, D., Cubillos, C. y Palma, M. (2016). Proposed Classification of Malware, Based on Obfuscation. 6th International Conference on Computers Communications and Control (ICCCC) (pp. 37 - 44). Moravia: ieee.

Beevor, A. (1998). *Stalingrad*. New York: Penguin Group.

Buhler, B. (2012). The Teeming Metropolis of You. En D. Ariely, *The Best American Science and Nature Writing* (p. 3). New York: Houghton Mifflin Harcourt Publishing Company.

Burgers, T. y Romaniuk, S. N. (14 de noviembre de 2016). The American Military's Real Problem: Shooting 'Ants' With 'Elephant Guns'. Obtenido de The National Interest https://nationalinterest.org/feature/the-american-militarys-real-problem-shooting-ants-elephant-18401

Victorgrigas. Own work, C. B.S. (23 de septiembre de 2019). *Programming language*. Obtenido de Wikipedia https://en.wikipedia.org/wiki/Programming_language

Castells, M. (2001). *La galaxia internet*. Madrid: Plaza & Janés.

Catalinas, Á. (29 de julio de 2019). El fallo de ciberseguridad en la policía de Londres. Obtenido de Ciberseguridad pyme https://www.ciberseguridadpyme.es/destacado/policia-de-londres-hackeo-2/

CISCO. (30 de septiembre de 2019). Obtenido de What is Cybersecurity? https://www.cisco.com/c/en/us/products/security/what-is-cybersecurity.html

Clark, G. (2007). *A Farewell to Alms*. New Jersey: Princeton University Press.

Council of Europe. (28 de octubre de 2019). Obtenido de Cybercrime https://www.coe.int/en/web/cybercrime/criminal-justice-in-cyberspace

CSO. (22 de julio de 2019). Roban 7,5 terabytes de datos de la agencia de inteligencia rusa. Obtenido de Revista digital CSO https://cso.computerworld.es/cibercrimen/roban-75-terabytes-de-datos-de-la-agencia-de-inteligencia-rusa

Data World Bank. (28 de octubre de 2019). Individuals using the Internet (% of population) - Chile. Obtenido de The World Bank https://data.worldbank.org/indicator/IT.NET.USER.ZS?locations=CL&view=map

De Vergara, E. y Trama, G. (2017). *Operaciones militares cibernéticas*. Buenos Aires: Escuela Superior de Guerra Conjunta de las Fuerzas Armadas.

Diario Mayor. (3 de noviembre de 2014). Obtenido de Los hackers y la tarjeta Bip! http://antiguo.diariomayor.cl/detallenot/detallenot-mundomayor.index/3269/

Dobson, W. J. (2012). The Dictator's Learning Curve. Inside the Global Battle for Democracy. New York: Anchor Books.

Elazari, K. (2014). Ted Talk. Obtenido de Ted Talk https://www.ted.com/talks/keren_elazari_hackers_the_internet_s_immune_system?language=es#t-78183

Erickson, J. (2008). *Hacking. The Art of Exploitation*. San Francisco: No Starch Press Inc.

Ferguson, N. (2017). *The Square and the Tower*. New York: Penguin Press.

Geeks for Geeks. (s.f). What's Difference between the Internet and the Web? Obtenido de GeeksforGeeks https://www.geeksforgeeks.org/whats-difference-internet-web/

Gladwell, M. (2013). *David and Goliath*. New York: Little, Brown and Company.

Pública, C. d. (2019). Informe de la comisión de seguridad pública. Valparaíso: Congreso Nacional - Senado.

Global Forum on Cyber Expertise. (7 de diciembre de 2016). Obtenido de The Budapest Convention on Cybercrime: A Framework for Capacity Building https://www.theg- fce.com/news/news/2016/12/07/budapest-convention-on-cybercrime

Gobierno de Chile. (2018). Avances en ley de infraestructura crítica. Santiago de Chile: Ministerio del Interior y Seguridad Pública.

Hack This. (17 de enero de 2018). How to hide messages in audio files. Obtenido de Hack This https://www.hackthis.co.uk/articles/how-to-hide-messages-in-audio-files

Harari, Y. (2018). *21 lecciones para el siglo XXI*. Barcelona: Penguin Random House.

Wiener, N. (1954). *The Human Use of Human Beings. Cybernetics and Society*. Boston: Houghton Mifflin.

Halpin, H. (24 de febrero de 2014). Obtenido de Wayback Machine https://archive.org/details/ThePhilosophyOfAnonymous_201708

Hernández, N. y Pérez, J. (1 de febrero de 2002). Mancur Olson: poder y prosperidad. La superación de las dictaduras comunistas y capitalistas. Obtenido de Laberinto http:// laberinto.uma.es/index.php?option=com_content&view=article&id=123:man- cur-olson-poder-y-prosperidad-la-superacion-de-las-dictaduras-comunistas-y-ca- pitalistas&catid=42:lab8&Itemid=54

Interpol. (30 de septiembre de 2019). Obtenido de Interpol https://www.interpol.int/en/Crimes/Cybercrime

Jasper, S. (2017). *Strategic Cyber Deterrence - The Active Cyberdefense Option*. Maryland: Rowman & Littlefield.

Ministerio del Interior. (2018). Política de Ciberseguridad. Santiago: Ministerio del Interior.

Mitnick, K. y Simon, W. L. (2011). *Ghost in the Wires*. New York: Back Bay Books / Little, Brown and Company.

Mitnick, K. y Hyponnen, M. (2017). *The Art of Invisibility*. New York: Little, Brown and Company.

Mujumdar, A., Masiwal, G. y Meshram, B. (2013). Analysis of Signature-Based and Behavior-Based Anti-Malware Approaches. *International Journal of Advanced Research in Computer Engineering and Technology* (ijarcet).

Seguridad informática. (Septiembre de 2019). Fabricante de armas y autopartes afectado por ataque masivo de malware en EE UU, Brasil y México. Obtenido de Noticias de seguridad informática https://noticiasseguridad.com/hacking-incidentes/fabricante-de-armas-y-autopartes-afectado-por-ataque-masivo-de-malware-en-eu-brasil-y-mexico/

O'Donell, C. (12 de septiembre de 2011). New Study Quantifies Use of Social Media in Arab Spring. Obtenido de W - University of Washington https://www.washington.edu/ news/2011/09/12/new-study-quantifies-use-of-social-media-in-arab-spring/

Olson, M. (1982). *The Rise and Decline of Nations*. New Haven: Yale University.

Owasp. (3 de agosto de 2016). Obtenido de Security by Design Principles https://www.owasp.org/index.php/Security_by_Design_Principles

Parker, G. (2005). *The Cambridge History of Warfare*. New York: Cambridge University Press.

Rafaeli, S. (2018). Networks. En J. Brockman, *This Idea is Brilliant* (p. 399). New York: Harper Perennial.

Sapolsky, R. (2017). *Behave. The Biology of Humans at our Best and Worst*. New York: Penguin Press.

Schneider, S. (2019). *Artificial You. AI and the Future of your Mind*. New Jersey: Princeton University Press.

Shepard, S. (17 de julio de 2018). Security Today. Obtenido de Security Today: https://securitytoday.com/articles/2018/07/17/the-average-cost-of-a-data-breach.aspx

Simmons, D. (5 de abril de 2019). Cyberattacks 'Damage' National Infrastructure. Obtenido de BBC https://www.bbc.com/news/technology-47812479

Sobers, R. (17 de abril de 2019). Varonis. Obtenido de 60 Must-Know Cybersecurity Statistics for 2019 https://www.varonis.com/blog/cybersecurity-statistics/

Sombrero Blanco. (15 de noviembre de 2019). Obtenido de Sombrero Blanco https://sombreroblanco.cl/

Stoll, C. (1990). *The Cuckoo's Egg*. New York: Pocket Books.

Taleb, N. N. (2018). *Skin in the Game*. New York: Penguin Random House.

Test de velocidad. (07 de octubre de 2016). Obtenido de Deep Web vs. Dark Web. ¿Cuál es la diferencia? https://www.testdevelocidad.es/2016/10/07/deep-web-vs-dark-web/

Test de velocidad. (7 de octubre de 2016). Obtenido de Deep web vs. Dark web, ¿cuál es la diferencia? https://www.testdevelocidad.es/2016/10/07/deep-web-vs-dark-web/

The Art of War. (28 de agosto de 2019). Obtenido de Wikipedia: https://en.wikipedia.org/wiki/The_Art_of_War

The Guardian. (Abril de 2019). Anonymous comes to town. Obtenido de The Guardian https://www.theguardian.com/news/ng-interactive/2019/apr/18/anonymous-comes-to-town-how-hackers-took-on-high-school-sexual-assault-in-ohio

Toynbee, A. (1985). *La gran aventura de la humanidad*. Buenos Aires: Emecé.

Van Creveld, M. (1991). *The Transformation of War: The Most Radical Reinterpretation of Armed Conflict since Clausewitz*. New York: The Free Press.

Van Haster, J. (18 de julio de 2018). Jelle. Obtenido de First Use of Cyberspace https://jellevanhaaster.com/index.php/timeline/first-use-of-cyberspace/

Vrijenhoek, J. (26 de junio de 2017). Intego. Obtenido de The Mac Security Blog https://www.intego.com/mac-security-blog/inside-the-dark-web-what-every-parent-needs-to-know/

Web Find You. (09 de agosto de 2019). Obtenido de Conoce la historia y evolución de Internet en Chile https://www.webfindyou.cl/blog/conoce-la-historia-y-evolucion-del-internet-en-chile/

Webopedia. (30 de septiembre de 2019). Obtenido de Webopedia https://www.webopedia.com/TERM/T/Trojan_horse.html

West, G. (2017). *Scale*. New York: Penguin Press.

Wikipedia. (22 de septiembre de 2019). Goliath. Obtenido de Wikipedia https://en.wikipedia.org/wiki/ARPANET

Wikipedia. (30 de septiembre de 2019). Phishing. Obtenido de Wikipedia https://en.wikipedia.org/wiki/Phishing#/media/File:PhishingTrustedBank.png

**Biografía de los autores:**

**Cristian Barría Huidobro**
Es doctor en Ingeniería Informática con estudio posdoctoral en Alta Investigación en Educación Multicultural. También es magíster en Ciencias de la Ingeniería Informática y en Gestión y Planificación Educacional. Ingeniero en Informática.

**Sergio Rosales Guerrero**
Es magíster en Simulación, por la Universidad Central de Florida, Estados Unidos. Ingeniero Químico.

www.ingramcontent.com/pod-product-compliance
Lightning Source LLC
LaVergne TN
LVHW082041051026
849532LV00011B/3443